일본어문장 트레이닝 1

하치노 토모카 지음

제이앤씨
Publishing Company

이 책은 일본어의 기초를 배운 한국인 학습자가 일본어 문장을 만드는 실력을 효과적으로 늘리기 위해 만들어졌습니다.

◆ 한국어와는 다른 일본어

일본어는 한국어와 같은 교착어이기 때문에, 초급 단계에서는 한국인이 배우기 쉬운 언어라고 생각되고 있습니다. 그러나 모든 일본어가 한국어와 1:1로 대응하는 것은 아닙니다. 그것은 초급의 단계에서도 볼 수 있습니다. 예를 들어, 조사는 대부분이 한국어의 조사와 대응하지만 그렇지 않은 것들도 존재합니다. 「に」는 "에"로 대응하지만, 「電車に乗る。(전차를 타다)」 등은 "을/를"로 대응합니다. 한국어와 1:1로 대응하지 않는 것이나, 한국어에서는 드문 문형 표현이 나오면 1:1로 대응한다고 생각하던 학습자 중에는 일본어를 포기하는 사람도 나옵니다. 그럼 왜 대응하지 않는 것이 나올까요? 일본어는 한국어와 비슷할 뿐, 전혀 다른 언어이기 때문입니다. 그럼 어떻게 하면 좋을까요?

◆ 한국어 번역에 의존하지 말기

일본어 문형이 나오면 한국어 번역에 의존하지 말고 문형의 용법에 집중하세요. 언제 그 표현이 사용되는지, 어떻게 활용하는지를 기억하세요. 일본어와 한국어는 1:1로 대응한다고 생각하고 있으면 언제까지나 잘 할 수 없습니다. 오히려 한국인 학습자는 일본어다운 표현을 놓치는 경향이 있습니다.

◆ 한국인 일본어 학습자를 위한 학습서

이 책은 문장을 만들 때 외워야 하는 뼈대(문법)를 기초부터 배울 수 있습니다. 특히, 한국어와는 다른 일본어에 대해 각 과마다 정리하고 있습니다. 「✋質問！」은 오랜 세월 한국인을 가르치면서 학습자로부터 자주 받는 질문 내용을 그대로 정리했습니다. 각 과의 마지막에 있는 「✐ひと言」는 실수하기 쉬운 내용에 대해 정리하고 있습니다.

◆ 일본어 능력 시험(JLPT)N5, N4의 문형을 마스터

　이 책은 일본어 문장의 골격이 되는 명사, 형용사, 동사의 활용 방법을 단계적으로 배우면서 동시에 일본어 능력 시험(JLPT) N5, N4의 문형을 사용한 문장을 만드는 연습을 효과적으로 실시합니다.

　N5에 나오는 문형은 앞에 ⑤로 표시. 예) ⑤～がほしいです ~가 갖고 싶습니다.
　N4에 나오는 문형은 앞에 ④로 표시. 예) ④～たことがあります ~한 적이 있습니다.

　먼저 형용사와 동사의 표에 있는 단어를 확실히 외우고, 활용 연습을 합시다. 각 문형 마다 일상생활에서 사용되는 풍부한 예문을 제시했습니다. 문형을 알았으면, ◣作文してみよう！ 에서 실제로 문장을 만들어봅시다! 그리고 [문장연습 쓰기노트] 에서 확실히 복습합시다. 문장을 읽고, 쓰고, 말해보고, 오감을 최대한 사용하여 일본어에 익숙해지세요.

2020년 1월

저자 八野　友香

この本は、基礎から日本語の文章を作る実力を効果的に伸ばすことを目的として作られました。

◆ 韓国語とは違う日本語

日本語は韓国語と同じ膠着語であることから、初級の段階では韓国人が学びやすい言語だと思われています。しかし、すべての日本語が韓国語と1:1で対応するわけではありません。それは初級の段階でも見られます。例えば、助詞はほとんどが韓国語の助詞と対応しますが、そうでないものも存在します。「に」は「에」と対応しますが、「電車に乗る。」などは「를」に対応します。韓国語と1:1で対応しないものや、韓国語では珍しい文型表現が出てくると、1:1で対応すると考えていた学習者の中には日本語を諦める人も出てきます。では、なぜ、対応しないものが出てくるのでしょうか。日本語は韓国語と似ているだけで、全く違う言語だからです。では、どうすればよいでしょうか。

◆ 韓国語の翻訳に依存しないこと。

日本語の文型が出てきたら、韓国語の翻訳に依存せずに、文型の用法に集中してください。いつその表現が使われるのか、どうやって活用するのかを覚えてください。日本語と韓国語は１：１で対応すると考えていたらいつまでたってもうまくなりません。むしろ韓国人学習者は、日本語らしい表現を逃してしまう傾向があります。

◆ 韓国人日本語学習者のための学習書

この本は、文章を作るときに覚えなければならない骨組み（文法）を基礎から学ぶことができます。特に、韓国語とは違う日本語について各課ごとにまとめてあります。「質問！」は、長年、韓国人に教えていて学習者からよく質問を受ける内容をそのまままとめました。各課の最後にある「ひと言」は、間違いやすい内容についてまとめてあります。

◆ 日本語能力試験（JLPT）N5,N4の文型をマスター

　この本は、日本語の文章の骨組みになる名詞、形容詞、動詞の活用方法を段階的に学びながら、同時に日本語能力試験（JLPT）N5,N4の文型を使った文章を作る練習を効果的に行います。

　N5に 나오는 문형은 앞에 ⑤ 로 표시. 예) ⑤ 〜がほしいです ~가 갖고 싶습니다.
　N4에 나오는 문형은 앞에 ④ 로 표시. 예) ④ 〜たことがあります ~한 적이 있습니다.

　まずは形容詞と動詞の表にある単語をしっかり覚えて、活用の練習をしましょう。各文型ごとに、日常生活で使われる豊富な例文を提示しました。文型がわかったら、 **作文してみよう！** で実際に文章を作ってみましょう。そして **[문장연습 쓰기노트]** でしっかりおさらいしましょう。文章を読んで、書いて、口に出して、五感をフルに使って日本語に慣れてください。

2020年1月

著者 八野　友香

목차

* 주차 표기는 사이버한국외국어대학교 『일본어문장연습1』 수업 주차.

7

◆ 이 책의 품사 표기 방식

N	명사
[い형]	い형용사
[な형]	な형용사
[동1]	1그룹 동사
[동2]	2그룹 동사
[동3]	3그룹 동사

일본어 문자와 발음

ひらがな 히라가나

동영상 QR code

	あ행	か행	さ행	た행	な행	は행	ま행	や행	ら행	わ행	
あ단	あ a	か ka	さ sa	た ta	な na	は ha	ま ma	や ya	ら ra	わ wa	
い단	い i	き ki	し si	ち chi	に ni	ひ hi	み mi		り ri		
う단	う u	く ku	す su	つ tsu	ぬ nu	ふ hu	む mu	ゆ yu	る ru		
え단	え e	け ke	せ se	て te	ね ne	へ he	め me		れ re		
お단	お o	こ ko	そ so	と to	の no	ほ ho	も mo	よ yo	ろ ro	を wo	ん N

カタカナ 가타카나

	ア행	カ행	サ행	タ행	ナ행	ハ행	マ행	ヤ행	ラ행	ワ행	
ア단	ア a	カ ka	サ sa	タ ta	ナ na	ハ ha	マ ma	ヤ ya	ラ ra	ワ wa	
イ단	イ i	キ ki	シ si	チ chi	ニ ni	ヒ hi	ミ mi		リ ri		
ウ단	ウ u	ク ku	ス su	ツ tsu	ヌ nu	フ hu	ム mu	ユ yu	ル ru		
エ단	エ e	ケ ke	セ se	テ te	ネ ne	ヘ he	メ me		レ re		
オ단	オ o	コ ko	ソ so	ト to	ノ no	ホ ho	モ mo	ヨ yo	ロ ro	ヲ wo	ン N

ひらがな 히라가나

히라가나 쓰기연습 あいうえお

あ	い	う	え	お

단어 따라 쓰기

あ	い

사랑

あ	お

파란색

い	え

집

い	う

말하다

う	え

위

う	ま

말

え

그림

え	き

역

お	や

부모

お	お	い

많다

히라가나 쓰기연습 かきくけこ

か	き	く	け	こ

단어 따라 쓰기

か	き

감

か	お

얼굴

き	た

북쪽

き	り	ん

기린

く	つ

신발

く	る	ま

자동차

け	し	き

경치

け	ん	か

싸움

こ	え

목소리

こ	い

잉어

동영상 QR code

히라가나 쓰기연습 さしすせそ

さ	し	す	せ	そ

단어 따라 쓰기

さ	か	な

물고기

か	さ

우산

し	お

소금

し	か	く

네모

す	し

초밥

す	い	か

수박

せ	き

좌석

せ	ん	せ	い

선생님

そ	ら

하늘

そ	と

밖

히라가나 쓰기연습 たちつてと

た	ち	つ	て	と

단어 따라 쓰기

た	な

선반

た	い	よ	う

태양

ち	か	い

가깝다

ち	か	て	つ

지하철

つ	き

달

つ	め

손톱

て

손

て	が	み

편지

と	け	い

시계

と	も	だ	ち

친구

히라가나 쓰기연습 なにぬねの

な	に	ぬ	ね	の

단어 따라 쓰기

な	つ

여름

な	い

없다

に	も	つ

짐

に

2

い	ぬ

개

ぬ	り	え

그림책

ね	こ

고양이

あ	ね

언니, 누나

の	り

김

き	の	う

어제

히라가나 쓰기연습 はひふへほ

は	ひ	ふ	へ	ほ

단어 따라 쓰기

꽃, 코

젓가락, 다리

혼자

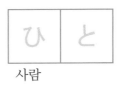

사람

배

지갑

へ	び

뱀

답변

ほ	ん

책

별

ひらがな 히라가나

히라가나 쓰기연습 まみむめも

동영상 QR code

ま	み	む	め	も

단어 따라 쓰기

ま	ち

거리

ま	つ	り

축제

み	ん	な

모두

み	ち

길

む	ね

가슴

む	か	し

옛날

め

눈

め	が	ね

안경

も	も

복숭아

も	ち

떡

동영상 QR code

히라가나 쓰기연습 かきくけこ

단어 따라 쓰기

산

야채

손가락

ゆ め

꿈

よ る

밤

읽다

히라가나 쓰기연습 らりるれろ

ら	り	る	れ	ろ

단어 따라 쓰기

ら	い	げ	つ

다음 달

ら	い	ね	ん

내년

り	ん	ご

사과

りょ	う	り

요리

よ	る

밤

は	る

봄

れ	き	し

역사

れ	い	ぞ	う	こ

냉장고

く	ろ

검정

ろ	う	か

복도

동영상 QR code

히라가나 쓰기연습 わをん

わ を ん

단어 따라 쓰기

か わ

강

に わ

정원

で ん わ

전화

に ほ ん ご

일본어

가타카나 쓰기연습 アイウエオ

동영상 QR code

アルバム album
インターネット internet
ウイルス virus
エレベーター elevator
オレンジ orange

가타카나 쓰기연습 カキクケコ

동영상 QR code

カメラ camera
キウイ kiwi
クリスマス christmas
ケーキ cake
コーヒー coffee

가타카나 쓰기연습 ア

동영상 QR code

サラダ salad
シリーズ series
スキー ski
セーター sweater
ソファー sofa

가타카나 쓰기연습 タチツテト

동영상 QR code

タオル towel
チーズ cheese
ツアー tower
テスト test
トイレ toiler

가타카나 쓰기연습 ナニヌネノ

동영상 QR code

ナイフ knife
ニュース news
カヌー canoe
ネクタイ necktie
ノート note

가타카나 쓰기연습 ハヒフヘホ

동영상 QR code

ハンカチ handkerchief
ヒント hint
フロント front
ヘリコプター helicopter
ホテル hotel

가타카나 쓰기연습 マミムメモ

동영상 QR code

マスク mask
ミルク milk
ムード mood
メール mail
モデル model

가타카나 쓰기연습 ヤユヨ

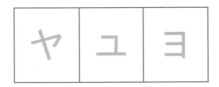

동영상 QR code

タイヤ tire
シャワー shower
ユニフォーム uniform

ジュース juice
ヨーロッパ Europa
インフォメーション

가타카나 쓰기연습 ラリルレロ

동영상 QR code

ランチ lunch
リボン ribbon
ルール rule
レジ register
ロビー lobby

가타카나 쓰기연습 ワヲン

동영상 QR code

ワイン wine
レモン lemon

Quiz !

정답 299쪽

다음 단어를 가타카나로 표기하면 어떻게 될까요?

1. Taxi

2. Bus

3. PC

4. Sandals

5. Yogurt

동영상 QR code

Point 1 글자의 오른쪽 위에 점 두 개(˝)를 붙인 글자로, 이 점이 붙으면 발음이 달라진다.

Point 2 모든 글자에 점 두 개(˝)를 붙일 수 없고, **か**행, **さ**행, **た**행, **は**행만이 탁음이 될 수 있다.

Point 3 '**じ**'와 '**ぢ**', '**ず**'와 '**づ**'는 똑같이 발음을 한다.

あ a	が ga	ざ za	だ da	な na	ば ba	ま ma	や ya	ら ra	わ wa	
い i	ぎ gi	じ zi	ぢ zi		び bi					
う u	ぐ gu	ず zu	づ zu		ぶ bu					
え e	げ ge	ぜ ze	で de		べ be					
お o	ご go	ぞ zo	ど do		ぼ bo					

* 탁음 입력할 때 **ぢ**, **づ**는 다음과 같이 입력을 한다.

　ぢ - di , **づ** - du

* 다음 단어의 발음을 비교해 보세요.

金, 금

ぎ　ん

銀, 은

怪我, 상처

げ　か

外科, 외과

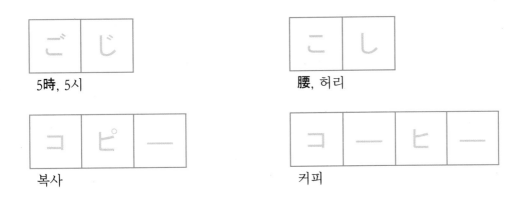

5時, 5시

腰, 허리

복사

커피

동영상 QR code

반탁음(半濁音)

Point 1 글자의 오른쪽 위에 작은 동그라미(˚)를 붙인 글자로, 이 점이 붙으면 발음이 달라진다.

Point 2 **は**행만이 반탁음이 될 수 있다.

ぱ pa	ぴ pi	ぷ pu	ぺ pe	ぽ po

단어 따라 쓰기

빵

연필

표

꼬르륵

산책

Point 1 반모음인 **や**, **ゆ**, **よ**를 작게 써서 발음한다.

Point 2 작게 쓴 **や**, **ゆ**, **よ** 앞에는 **い**단의 글자 **き**, **し**, **ち**, **に**, **ひ**, **み**, **り** 그리고 탁음의 **ぎ**, **じ**, **び**, **ぴ**만 올 수 있다.

예) ○**きゃ**　×**くゃ**

あ a	か ka	さ sa	た ta	な na	は ha	ま ma	や ya	ら ra	わ wa	
い i	き ki	し si	ち chi	に ni	ひ hi	み mi		り ri		
う u										
え e										
お o										

Point 3 글자 수는 2개지만 발음할 때는 1음절로 발음한다.

きゃ kya	きゅ kyu	きょ kyo	→	きゃ	きゅ	きょ
ぎゃ gya	ぎゅ gyu	ぎょ gyo	→	ぎゃ	ぎゅ	ぎょ
しゃ sha	しゅ shu	しょ sho	→	しゃ	しゅ	しょ
じゃ zya	じゅ zyu	じょ zyo	→	じゃ	じゅ	じょ

ちゃ cha	ちゅ chu	ちょ cho	→	ちゃ	ちゅ	ちょ
にゃ nya	にゅ nyu	にょ nyo	→	にゃ	にゅ	にょ
ひゃ hya	ひゅ hyu	ひょ hyo	→	ひゃ	ひゅ	ひょ
びゃ bya	びゅ byu	びょ byo	→	びゃ	びゅ	びょ
ぴゃ pya	ぴゅ pyu	ぴょ pyo	→	ぴゃ	ぴゅ	ぴょ
みゃ mya	みゅ myu	みょ myo	→	みゃ	みゅ	みょ
りゃ rya	りゅ ryu	りょ ryo	→	りゃ	りゅ	りょ

* 다음 단어의 발음을 비교해 보세요.

じゅ	ぎょ	う

授業, 수업

じ	ぎょ	う

事業, 사업

びょ	う	い	ん

病院, 병원

び	ょ	う	い	ん

美容院, 미용실

동영상 QR code

1. 일본어 특수음: 장음(長音)

Point 1 모음이 중복될 때 앞 글자의 소리를 길게 발음한다.

あ단 a+a **おかあさん** (어머니)
　　　　　[ka a]

い단　i+i **おにいさん** (오빠, 형)
　　　　　[ni i]

う단　u+u **くうき** (공기)
　　　　　[ku u]

え단　e+e **おねえさん** (언니, 누나),　　e+i **えいが** (영화)
　　　　　[ne e]　　　　　　　　　　　　　　[e i]

お단　o+o **とおい** (멀다),　　　　o+u **おとうさん** (아버지)
　　　　　[to o]　　　　　　　　　　　　[to u]

Point 2 일본어는 장음이 있느냐 없느냐에 따라 전혀 다른 뜻의 낱말이 되기 때문에 주의
해야 한다.

＊ 다음 단어의 발음을 비교해 보세요.

おばあさん (할머니)　 ― 　**おばさん** (아주머니)
おじいさん (할아버지) ― 　**おじさん** (아저씨)

☞ 「**おばさん**(아줌마)」, 「**おじさん**(아저씨)」을 부를 때 「**おばあさん**(할머니)」「**おじいさん**
(할아버지)」하고 부르면 안 됩니다. 장음 하나로 일본어는 단어가 바뀐다는 것을 명심!

Point 3 **カタカナ**의 장음은 "ー"로 표기한다.

＊ 다음 단어의 발음을 비교해 보세요.

おかあさん (어머니)　 ― 　**おかさん** (오카 씨)
じょうし (上司, 상사)　 ― 　**じょし** (助士, 조수)

カード (카드)	―	かど (**角**, 귀퉁이)
チーズ (치즈)	―	ちず (**地図**, 지도)
ビール (맥주)	―	ビル (빌딩)
スキー (스키)	―	すき (**好き**, 좋아하다)
コーヒー (커피)	―	こい (**恋**, 연애)

동영상 QR code

2. 일본어 특수음: 촉음(促音)

Point 1 「**つ**」를 작게 써서 표기한다. 글자는 작게 쓰지만 박자는 한 박자를 가진다.

예) **きて** (**来て**, 와줘.) ― 2 박자, **きって** (**切手**, 우표) ― 3 박자

단어 따라 쓰기

一緒, 같이

조금

十分, 십분

일본

티켓

イ	ン	タ	ー	ネ	ッ	ト

인터넷

* 다음 단어의 발음을 비교해 보세요.

おと (**音**, 소리)	―	**おっと** (**夫**, 남편)
さか (**坂**, 내리막/오르막길)	―	**サッカー** (축구)
ぶか (**部下**, 부하)	―	**ぶっか** (**物価**, 물가)

3. 일본어 특수음: 발음(撥音)

동영상 QR code

Point 1 「ん」로 표기하고 한 박자를 가진다.

단어 따라 쓰기.

電話, 전화

問題, 문제

韓国, 한국

勉強, 공부

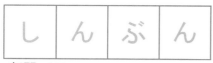

新聞, 신문

誕生日, 생일

* 다음 단어의 발음을 비교해 보세요.

　　　かば (하마)　　　　　**—**　**かばん** (가방)
　　　かぶ (**株**, 주식)　　　**—**　**かんぶん** (**漢文**, 한문)
　　　きぎょう (**企業**, 기업)　**—**　**きんぎょ** (**金魚**, 금붕어)

≪발음 연습≫

　　　2 박자　　　　　　3 박자　　　　　　4 박자
　　くき (줄기)　**—**　**くうき** (공기)　**—**　**クッキー** (쿠키)
　　かこ (과거)　**—**　**かっこ** (괄호)　**—**　**がっこう** (학교)
　　ろか (여과)　**—**　**ろっか** (6과)　**—**　**ロッカー** (사물함)

일본어 입력하는 방법

　PC, 모바일에서 일본어를 입력해 보자. 컴퓨터 키보드로 일본어를 입력할 때 가장 보편적으로 사용되는 방법이 로마자 입력이다. 이것은 일본어의 발음을 로마자로 옮겨 입력하는 방식이다.

　　예) **はじめまして**。 →　ha ji me ma shi te

[연습해 보자]
1) 오십음도와 탁음, 요음 표를 보면서 아래와 같이 일본어를 입력해 보자.

　　예) 나: wa・ta・si　→　わたし　→　[Space]키　→　私
　　예) 대학교: da・i・ga・ku　→　だいがく　→　[Space]키　→　大学
　　예) 백(100): hya・ku　→　ひゃく　→　[Space]키　→　百
　　예) 학원: ju・ku　→　じゅく　→　[Space]키　→　塾

Point **ひらがな**를 입력 후 [Enter]키를 누르지 않고 위와 같이 [Space]키를 누르면 한자를 입력할 수 있다.

Point 요음인 「や, ゆ, よ」만 입력하고 싶을 때는 'xya, xyu, xyu'를 치면 된다. 이와 같이 로마자 입력하기 전에 'x'만 치면 작은 글자를 입력할 수 있다.
　　　예) a　→　**あ**,　xa　→　**ぁ**

2) 특수음 : 발음(ん)
특수음 발음(ん)을 입력할 때는 「n」을 두 번(nn) 치면 된다.

　　예) 전화: de・nn・wa　→　でんわ　→　[Space]키　→　電話

3) 특수음 : 촉음(っ)
특수음 촉음(っ)을 입력할 때는 촉음 다음 글자의 자음을 두 번 치면 된다.

　　예) 표: Ki・ppu　→　きっぷ　→　[Space]키　→　切符
　　예) 학교: ga・kko・u　→　がっこう　→　[Space]키　→　学校

Point 「っ」만 입력하고 싶을 때는 'xtu'를 치면 된다.

4) 특수음 : 장음

특수음 장음을 입력할 때는 숫자 「0」 옆에 있는 「-」를 치면 된다.

　　예) 커피: Ko‧-‧hi‧- → こーひー → [Space]키 → コーヒー
　　예) 축구: sa‧kka‧- → さっかー → [Space]키 → サッカー

제1장

명사

시작하기

⚙ 학습 내용

일본어 명사문에 대해서 학습한다.

⚙ Point 名詞文

1. 명사는 だ/です를 붙여 명사문을 만든다.

2. 명사 종류

　- 고유명사 : 인명, 지명

　- 대명사 : 인칭 대명사, こそあど(이, 그, 저, 어느)

　- 시간명사 : 今日(오늘), 来週(다음주), 毎日(매일) 등

　- 수량명사 : 一人(한 사람), 二冊(두 권), 三匹(세 마리) 등

퀴즈

정답 299쪽

다음 문장을 일본어로 써 보세요.

1. 생일은 언제입니까?

➡ _____

2. 생일은 4월 9일입니다.

➡ _____

3. 내일은 휴일입니다.

➡ _____

4. 이 우산은 누구 것입니까?

➡ _____

5. 다나카 씨의 것입니다.

➡ _____

단어

<ruby>誕生日<rt>たんじょうび</rt></ruby>	생일
<ruby>図書館<rt>としょかん</rt></ruby>	도서관
たとえば	예를 들어
<ruby>事<rt>こと</rt></ruby>	일

かいちょう 会長	회장님
がくせい 学生	학생
かんこくじん 韓国人	한국인
やす 休み	쉬는 날, 휴일
だいがくせい 大学生	대학생
しょうがくせい 小学生	초등학생
おとこ こ 男の子	남자 아이
つぎ 次	다음
ひ 日	날
あさ 朝	아침
つくえ 机	책상
うえ 上	위
かばん	가방
いす	의자
がっこう 学校	학교
くるま 車	차

학습하기

핵심문법 1 시간 명사

1 날짜, 요일

1月 いちがつ	2月 にがつ	3月 さんがつ	4月 しがつ
5月 ごがつ	6月 ろくがつ	7月 しちがつ	7月 はちがつ
9月 くがつ	10月 じゅうがつ	11月 じゅういちがつ	12月 じゅうにがつ

日 にちようび	月 げつようび	火 かようび	水 すいようび	木 もくようび	金 きんようび	土 どようび
				1 ついたち	2 ふつか	3 みっか
4 よっか	5 いつか	6 むいか	7 なのか	8 ようか	9 ここのか	10 とおか
11 じゅういち にち	12 じゅうに にち	13 じゅうさん にち	14 じゅうよっか	15 じゅうご にち	16 じゅうろく にち	17 じゅうしち にち
18 じゅうはち にち	19 じゅうくにち	20 はつか	21 にじゅういち にち	22 にじゅうに にち	23 にじゅうさん にち	24 にじゅうよっ か
25 にじゅうご にち	26 にじゅうろく にち	27 にじゅうしち にち	28 にじゅうはち にち	29 にじゅうく にち	30 さんじゅう にち	31 さんじゅうい ちにち

시간 명사

그저께	어제	오늘	내일	모레
おととい	昨日 きのう	今日 きょう	明日 あした	あさって

지난 주	이번 주	다음 주
先週 せんしゅう	今週 こんしゅう	来週 らいしゅう
지난 달	이번 달	다음 달
先月 せんげつ	今月 こんげつ	来月 らいげつ
작년	올해	내년
去年 きょねん	今年 ことし	来年 らいねん

3 **こそあど**

사 물	これ	이것	それ	그것	あれ	저것	どれ	어느 것
장 소	ここ	여기	そこ	거기	あそこ	저기	どこ	어디
방 향	こちら	이쪽	そちら	그쪽	あちら	저쪽	どちら	어느
사람, 사물	この	이	その	그	あの	저	どの	어느 쪽
수식형	こんな	이런	そんな	그런	あんな	저런	どんな	어떤
부사형	こう	이렇게	そう	그렇게	ああ	저렇게	どう	어떻게

① 図書館はどこですか。

도서관은 어디입니까?

② たとえば、どんな事ですか。

예를 들어, 어떤 일입니까?

③ あの人がたなかさんです。

저 사람이 다나카씨입니다.

④ あの方が会長です。

　　저 분이 회장입니다.

* 사람을 가리키는 정중한 표현

この方	その方	あの方	どの方
이 분	그 분	저 분	어느 분

4　何(なに/なん)

「何」는 「なに」와 「なん」 두 가지의 읽는 법이 있다.

1) 何+명사

*「어떤, 무슨」의 뜻으로 쓰일 때는 「なに」 라고 읽는다.
　예) なにりょうり(何料理), なにいろ(何色)

*「몇」의 뜻으로 쓰일 때는 「なん」 라고 읽는다.
　예) なんこ(何個), なんじ(何時)

2) 何+조사

「何」 뒤에 오는 조사에 따라 다음과 같이 읽는다.
なに+が/を/から/も/か/に/で
예) 何(なに)が好きですか。

なん＋と/でも/だ/です
예) これは、何(なん)ですか。

1. 다음 문장을 일본어로 써 보세요.

① 몇　월　며칠입니까?

➡ _____

② 무슨 요일입니까?
　　단어　曜日^{ようび}

➡ _____

③ 생일은 언제입니까?
　　단어　誕生日^{たんじょうび}

➡ _____

④ 생일은 9월 20일입니다.

➡ _____

2. 다음 날짜를 일본어로 읽어 보세요.

① 3월 3일

➡ _____

② 4월 2일

➡ _____

③ 5월 5일

➡ _____

④ 6월 4일

➡ _____

⑤ 9월 1일

➡ _____

3. 다음「何」를 읽어 보세요.

① 何(　　　)さいですか。　　　　　　　 몇 살입니까?

② 何(　　　)時^じですか。　　　　　　　 몇 시입니까?

③ 何(　　　)年生^{ねんせい}ですか。　　　　　 몇 학년입니까?

④ 何(　　　)学部^{がくぶ}ですか。　　　　　 어느(무슨) 학부입니까?

핵심문법 2 명사문

---

1 **명사의 시제**

명사(N)는 어미(語尾)와 어간(語幹)으로 나누어져 있지 않으므로, '**だ/です**(~다/~입니다)'를 붙여 활용한다.

비과거형

	긍정	부정
보통형	Nだ N(이)다	Nではない N가/이 아니다 (Nじゃない)
정중형	Nです N입니다	Nではありません N가/이 아닙니다. (Nじゃありません)

＊ (　　　)안은 주로 회화에서 쓰인다.

＊ 비과거형은 미래나 현재, 습관, 진리를 나타낸다.

① 学生^{がくせい}だ。

학생이다.

② 学生^{がくせい}です。

학생입니다.

③ 学生^{がくせい}ではない。

학생이 아니다.

④ 学生ではありません。

학생이 아닙니다.

과거형

	긍정	부정
보통형	Nだった N였다	Nではなかった N가/이 아니었다 (Nじゃなかった)
정중형	Nでした N였습니다.	Nではありませんでした N가/이 아니었습니다. (Nじゃありませんでした)

① 学生だった。

학생이었다.

② 学生でした。

학생이었습니다.

③ 学生ではなかった。

학생이 아니었다.

④ 学生ではありませんでした。

학생이 아니었습니다.

2 〜は〜です。 〜은〜입니다.

「〜は」는 한국어의 '은/는'에 해당한다.

① 私は、韓国人です。

나는 한국인입니다.

② 今日は、水曜日です。

오늘은 수요일입니다.

3 〜は〜ですか。 〜은〜입니까?

마지막에 「**か**」를 붙이면 의문문이 된다.

① 明日は、休みですか。

내일은 휴일입니까?

② 田中さんは、大学生ですか。

다나카 씨는 대학생입니까?

作文してみよう！

「〜は〜です。 〜은〜입니다.」을 이용하여 작문해 보세요.

_____

_____

_____

_____

[문장연습 쓰기노트]   정답 299쪽

다음 문장을 일본어로 써 보세요.

① 나는 학생입니다.

➡ _____

② 나는 학생이 아닙니다.

➡ _____

③ 다나카씨는 학생이었습니다.

➡ _____

④ 다나카씨는 학생이 아니었습니다.

　➡ _____

⑤ 오늘은 휴일입니다.

　➡ _____

⑥ 오늘은 휴일이 아닙니다.

　➡ _____

⑦ 어제는 휴일이었습니다.

　➡ _____

⑧ 어제는 휴일이 아니었습니다.

　➡ _____

핵심문법 3 명사를 이어주는 「の」, 명사를 대신하는 「の」

① 명사와 명사를 이어주는 「の」

<ruby>来月<rt>らいげつ</rt></ruby>の<ruby>旅行<rt>りょこう</rt></ruby>の<ruby>予定<rt>よてい</rt></ruby> 다음 달 여행 예정

<ruby>姉<rt>あね</rt></ruby>の<ruby>友人<rt>ゆうじん</rt></ruby>の<ruby>結婚式<rt>けっこんしき</rt></ruby> 언니 친구의 결혼식

<ruby>彼女<rt>かのじょ</rt></ruby>の<ruby>作品<rt>さくひん</rt></ruby>の<ruby>特徴<rt>とくちょう</rt></ruby> 그녀의 작품의 특징

〈「の」의 기능〉

1) 소유

　<ruby>木村<rt>きむら</rt></ruby>さんの<ruby>本<rt>ほん</rt></ruby> 기무라 씨의 책

　<ruby>木村<rt>きむら</rt></ruby>さんのお<ruby>母<rt>かあ</rt></ruby>さん 기무라 씨의 어머니

　<ruby>学校<rt>がっこう</rt></ruby>の<ruby>建物<rt>たてもの</rt></ruby> 학교 건물

2) 내용설명

日本語の勉強 일본어 공부

仕事の打ち合わせ 업무 협의

夏休みの宿題 여름 방학 숙제

3) 위치 기준

学校の隣 학교 옆

電車の中 전철 안

部屋の中 방 안

~の上/下 ~의 위/아래

~の前/後 ~의 앞/뒤

~の左/右 ~의 오른쪽/왼쪽

~の東/西/南/北 ~의 동쪽/서쪽/남쪽/북쪽

4) (그림, 작품 등 생산물의)작성자

すずき先生の論文 스즈키 선생님의 논문

田中さんの作品 다나카 씨의 작품

5) 같은 위치(同格)

社長の田中 사장인 다나카

首都の東京 수도인 도쿄

* 같은 위치(同格)를 나타내는"の"는 "である(~인)"과 바꿀 수 있다.

6) 때

食事の前 식사 전

日曜日の午後 일요일 오후

Q 毎週土曜日(매주 토요일)은 왜 毎週와 土曜日 사이에 「の」가 들어가지 않나요?

A 먼저 「毎」가 앞에 붙는 단어는 다음과 같다.

* 「毎」가 앞에 붙는 단어

매일	매 주	매 월	매 년
毎日 まいにち	毎週 まいしゅう	毎月 まいつき	毎年 まいとし
매일 아침	매일 밤	매번	매 시간
毎朝 まいあさ	毎晩 まいばん	毎回 まいかい	毎時間 まいじかん

「毎」가 앞에 붙는 단어는 반복을 나타나게 되고 부사(副詞)역할을 하게 된다.

① 毎月五日は休み みです。

　매월 5일은 쉬는 날입니다.

② 毎年4月に祭りがあります。

　매년 4월에 축제가 있습니다.

「の」는 명사와 명사 사이에 들어가게 됨으로, 「毎 + 명사」의 형식에서는 기본적으로 「の」가 들어가지 않다.

예)　○ 今週の土曜日 이번 주 토요일

　　　○ 毎週土曜日 매주 토요일

　　　✕ 毎週の土曜日

예)　○ 来月の二日 다음 달 2일

　　　○ 毎月二日 매달 2일

　　　✕ 毎月の二日

앞서 나온 명사(전형적인 '물건'만을 말함)를 반복하지 않고 「の」를 대신 쓴다.

この本は図書館の本です。

이 책은 도서관의 책입니다.

この本は図書館のです。

이 책은 도서관의 것입니다.

このかさは、田中さんのかさです。

이 우산은 다나카 씨의 우산입니다.

このかさは、田中さんのです。

이 우산은 다나카 씨의 것입니다.

作文してみよう!

「の ～의～」을 이용하여 작문해 보세요.

_____

_____

_____

_____

[문장연습 쓰기노트]   정답 300쪽

다음 문장을 일본어로 써 보세요.

① 초등학생 남자 아이

　　단어 小学生 초등학생, 男の子 남자 아이

　⇒ _____

② 다음날 아침

　　단어 次 다음, 日 날, 朝 아침

　➡ _____

③ 책상 위

　　단어 机 책상, 上 위

　➡ _____

④ 이 가방은 야마다씨의 것입니다.

　　단어 かばん 가방, 山田さん 야마다 씨

　➡ _____

⑤ 오늘은 나의 생일입니다.

　➡ _____

⑥ 이 의자는 학교 것입니다.

　　단어 いす 의자, 学校 학교

　➡ _____

⑦ 이 차는 아버지 것입니다.

　　단어 車 자동차, 父 아버지

　➡ _____

オノマトペ
의성어 의태어

┃ 味 맛
あじ

- あっさり　담백하게, 개운하게

  これ、あっさりした味だね。
  あじ

  이거 담백한 맛이네요.

- さっぱり　깔끔하게, 산뜻이

  さっぱりしていておいしい。

  깔끔하게 맛있다.

┃ 性格 성격
せいかく

- しっかり　확실히, 똑똑히, 야무진

  子供なのにしっかりしている。
  こども

  아이인데도 야무지다.

  彼女はしっかり者です。
  かのじょ　　　　もの

  그녀는 야무진 사람입니다.

- のんびり　태평스레, 유유히

  彼女はのんびりとした性格です。
  かのじょ　　　　　　　　せいかく

  그녀는 태평스런 성격입니다.

  のんびり屋さんです。
  や

  태평스러운 사람입니다.

여러가지 명사

• 日本語 일본어	日本語ができる。 일본어를 할 수 있다. 日本語が分かる。 일본어를 안다. 日本語が話せる。 일본어로 말할 수 있다.
• 勉強 공부	勉強をする。 공부를 하다. 勉強ができる。 공부를 잘한다.
• 旅行 여행	旅行に行く。 여행을 가다.
• 映画 영화	映画をみる。 영화를 보다.
• テレビ 텔레비전	テレビをみる。 텔레비전을 보다. テレビをつける。 텔레비전을 켜다. テレビを消す。 텔레비전을 끄다.
• 誕生日 생일	今日は私の誕生日です。 오늘은 나의 생일입니다.
• 買い物 쇼핑	買い物に行く。 쇼핑을 가다. 買い物をする。 쇼핑을 하다.
• 約束 약속	約束をする。 약속을 하다. 約束を守る。 약속을 지키다.
• 休み 쉼, 휴일	今日は仕事が休みです。 오늘은 일을 쉽니다. 休みの日 쉬는 날
• 図書館 도서관	図書館に行く。 도서관에 갑니다. 図書館で本を借りる。 도서관에서 책을 빌리다.
• レストラン 레스토랑	レストランに行く。 레스토랑에서 먹다. レストランで食べる。 레스토랑에 가다.
• 朝ごはん /朝食 아침밥	朝ごはんを食べる。 아침밥을 먹다.

• お昼 /ランチ　점심(밥)	今日のランチはスパゲッティでした。오늘 점심은 스파게티였습니다.	
• 夜 / 晩ごはん / 夕食　저녁밥	夜ごはんいっしょに食べませんか。저녁 같이 먹지 않겠습니까?	
• 食事　식사	食事をする。식사를 하다.	
• 洗濯　세탁	洗濯をする。세탁을 하다.	
• 仕事　일	仕事をする。일을 하다. 仕事に行く。일하러 가다.	
• 通勤　통근	通勤時間　통근시간 通勤電車　통근전철	
• 授業　수업	授業をきく。수업을 듣다. 授業を受ける。수업을 듣다.	
• お店　가게	お店に行く。가게에 가다. お店が開)いている。가게가 열려 있다. お店が閉っている。가게가 닫혀 있다.	
• トイレ　화장실	トイレに行く。화장실에 가다.	
• コーヒー　커피	コーヒーを飲む。커피를 마시다.	
• 電車　전철	電車に乗る。전철을 타다.	

제2장

형용사

시작하기

❀ 학습 내용

日本語の形容詞について学習する。

❀ Point 日本語の形容詞

1. 일본어 형용사에는 **い형용사**와 **な형용사** 두 가지 종류가 있다.

2. 명사를 수식할 때 **い**로 끝나는 것은 **い형용사**, **な**로 끝나는 것은 **な형용사**라고 부른다.

3. 일본어 형용사에는 명사를 수식하는 용법(①②)과, 문장 끝에서 주어의 성질을 설명하는 용법(③④), 동사를 수식하는 용법(⑤⑥)이 있다.

① おもしろい**映画**です。⇦ **い형용사**

재미있는 영화입니다.

② 有名な**映画**です。⇦ **な형용사**

유명한 영화입니다.

③ その映画は、とてもおもしろいです。⇦ い형용사

그 영화는 정말로 재미있습니다.

④ その映画は、とても有名です。⇦ な형용사

그 영화는 정말로 유명합니다.

⑤ 早く来てください。⇦ い형용사

빨리 와주세요.

⑥ 毎日元気に通っています。⇦ な형용사

매일 건강히 다니고 있습니다.

퀴즈

정답 300쪽

다음 문장을 일본어로 써 보세요.

1. 오늘은 바쁜 날입니다.

　➡ _____

2. 오늘은 바빴습니다.

　➡ _____

3. 서울은 교통이 편리합니다.　　　　　　**단어** 교통 交通

　➡ _____

4. 경치가 아름다웠습니다.　　　　　　**단어** 경치 景色

　➡ _____

5. 여름보다 겨울 쪽을 좋아합니다.　　　　**단어** 여름 夏, 겨울 冬

　➡ _____

단어

冷_{つめ}たい	[い형] 차갑다
飲_のみ物_{もの}	음료
忙_{いそが}しい	[い형] 바쁘다
やさしい	[い형] 다정하다, 자상하다
おもしろい	[い형] 재미있다
有名_{ゆうめい}	[な형] 유명하다
少_{すこ}し	조금
早_{はや}く	빨리, 일찍
元気_{げんき}	[な형] 건강하다
通_{かよ}う	[동1] 다니다
調子_{ちょうし}がいい	[い형] 컨디션이 좋다
上手_{じょうず}	[な형] 잘하다 능숙하다
あまり	그다지, 별로
好_すき	[な형] 좋아하다
大変_{たいへん}	[な형] 힘들다

학습하기

1 い형용사+명사

명사를 수식할 때 「い」로 끝나는 것을 **い형용사**라고 한다. 사전형도 「い」로 끝난다.

* **おもしろい** 재미있다

    <u>おもしろ</u>い   **本**(ほん) 재미있는 책

    い형용사   명사

* **いい** 좋다

    <u>い</u>い   **天気**(てんき) 좋은 날씨

    い형용사   명사

① これは、<u>冷</u>(つめ)たい<u>飲</u>(の)み<u>物</u>(もの)です。

    이것은 차가운 음료입니다.

② <u>今日</u>(きょう)は、<u>忙</u>(いそが)しい<u>日</u>(ひ)です。

    오늘은 바쁜 날입니다.

③ <u>彼</u>(かれ)は、やさしい<u>人</u>(ひと)です。

    그는 다정한 사람입니다.

✎ 作文してみよう！

「い형용사+명사」을 이용하여 작문해 보세요.

---

2 い형용사 시제

활용할 때 형태가 변하지 않는 부분을 '語幹(어간)'이라고 한다.

おもしろい　재미있다　　　　→ おもしろ い
　　　　　　　　　　　　　　　　　　 어간

たかい　　높다, 비싸다　　　→ たか い
　　　　　　　　　　　　　　　　　　 어간

おおきい　크다　　　　　　　→ おおき い
　　　　　　　　　　　　　　　　　　 어간

[い형용사 비과거형]

	긍정	부정
보통형	어간＋い おもしろい 재미있다	어간＋くない おもしろくない 재미있지 않다
정중형	어간＋いです おもしろいです 재밌습니다	어간＋くありません おもしろくありません 재미있지 않습니다. (어간＋くないです) (おもしろくないです)

[い형용사 과거형]

	긍정	부정
보통형	어간＋かった おもしろかった 재미있었다	어간＋くなかった おもしろくなかった 재미있지 않았다

정중형	어간＋かったです **おもしろ**かったです 재미있었습니다	어간＋くありませんでした **おもしろ**くありませんでした 재미있지 않았습니다 (어간＋くなかったです) (**おもしろ**くなかったです)

＊ (   )는 주로 회화에서 쓰인다.

① **今日**は**忙**しいです。

    오늘은 바쁩니다.

② **昨日**はあまり**暑**くなかったです。

    어제는 그다지 덥지 않았습니다.

③ **昨日**はとても**調子**が**良**かったです。

    어제는 아주 컨디션이 좋았습니다.

作文してみよう！ ──────────────────────────────○

い형용사를 이용하여 작문해 보세요.

_____

_____

_____

_____

3　**いい(良い) 좋다**

「**いい** 좋다」의 부정형과 과거형은 「×**いくない**」「×**いかった**」가 아닌 「**良い**」의 활용으로 「**良**くない」「**良**かった」가 된다.

[いい(좋다) 비과거형]

	긍정	부정
보통형	어간+い いい 좋다	어간+くない 良くない 좋지 않다
정중형	어간+いです いいです 좋습니다	어간+くありません 良くありません 좋지 않습니다. (어간+くないです) (よくないです)

[いい(좋다) 과거형]

	긍정	부정
보통형	어간+かった 良かった 좋았다	어간+くなかった 良くなかった 좋지 않았다
정중형	어간+かったです 良かったです 좋았습니다	어간+くありませんでした 良くありませんでした 좋지 않았습니다 (어간+くなかったです) (よくなかったです)

作文してみよう！

「いい(良い)　좋다」를 이용하여 작문해 보세요.

_____

_____

_____

_____

다음 문장을 일본어로 써 보세요.

① 이 가게의 라면은 굉장히 맛있습니다.

　　단어 ラーメン 라면, おいしい 맛있다

　➡ _____

② 오늘은 별로 덥지 않습니다.

　　단어 暑(あつ)い 덥다

　➡ _____

③ 어제 영화는 굉장히 재미있었습니다.

　　단어 映画(えいが) 영화

　➡ _____

④ 일본은 생각보다 춥지 않았습니다.

　　단어 思(おも)ったより 생각보다

　➡ _____

핵심문법 2 **な형용사**

1 **な형용사+명사**

명사를 수식할 때 「な」로 끝나는 것을 **な**형용사라고 한다.

* **しずか** 조용하다

　しずかな 　町(まち)　조용한 마을
　な형용사　　명사

* **有名**(ゆうめい) 유명하다

有名な **人**(ひと) 유명한 사람
な형용사　　명사

「**な**형용사+명사」를 이용하여 작문해 보세요.

_____

_____

_____

_____

2 **な형용사 시제**

じょうず　잘하다　　じょうず な
　　　　　　　　　　　　　어간

すき　　좋아하다　　すき な
　　　　　　　　　　　　어간

べんり　편리하다　　べんり な
　　　　　　　　　　　　어간

[**な**형용사 비과거형]

	긍정	부정
보통형	어간+だ しずかだ 조용하다	어간+ではない しずかではない 조용하지 않다 (* しずかじゃない)

정중형	어간＋です	어간＋ではありません
	しずかです 조용합니다	**しずか**ではありません 조용하지 않습니다 (＊**しずか**じゃありません)

[**な**형용사 과거형]

	긍정	부정
보통형	어간＋だった **しずか**だった 조용했다	어간＋ではなかった **しずか**ではなかった 조용하지 않았다 (＊**しずか**じゃなかった)
정중형	어간＋でした **しずか**でした 조용했습니다	어간＋ではありませんでした **しずか**ではありませんでした 조용하지 않았습니다 (＊**しずか**じゃありませんでした)

＊「**では**」는 회화에서 「**じゃ**」라고 한다.

① **田中さんは、韓国語が上手です。**

다나카씨는 한국어를 잘합니다.

② **コーヒーはあまり好きではありません。**

커피는 그다지 좋아하지 않습니다.

③ **彼は元気でした。**

그는 잘 있었습니다.

④ **あまり大変ではありませんでした。**

그다지 힘들지 않았습니다.

Tip : 회화에서 사용할 수 있는 부정/정중형에는 몇 가지 방법이 더 있다.

현재	과거
어간＋ではないです **しずか**ではないです **しずか**じゃないです 조용하지 않습니다	어간＋ではなかったです **しずか**ではなかったです **しずか**じゃなかったです 조용하지 않았습니다

な형용사를 이용하여 작문해 보세요.

_____

_____

_____

_____

3 **きれい 아름답다, 예쁘다, 깨끗하다**

「**きれい**」는 「**きれいな**部屋(깨끗한 방)」와 같이 명사를 수식할 때 **な**로 끝나는 **な**형용사기 때문에 주의할 것. 또한 「**きれい**」는 「아름답다」, 「예쁘다」, 「깨끗하다」 3가지 의미를 가진다.

きれい だ

　　어간

① 京都はとてもきれいでした。

　　쿄토는 매우 아름다웠습니다.

② 鈴木さんは、とてもきれいな人です。

　　스즈키씨는 매우 예쁜 사람입니다.

③ 部屋はあまりきれいではありませんでした。

　　방은 그다지 깨끗하지 않았습니다.

「**きれい** 아름답다, 예쁘다, 깨끗하다」를 이용하여 작문해 보세요.

_____

_____

🖐 質問！ ──────────────────

Q な형용사는 회화에서 보통형(반말 같은 것)으로 쓸 때 꼭 「~だ」라고 해야 하나요?

A 회화에서는 な형용사의 「~だ」와 조사가 생략될 때가 많다.

예:「**きれい**」

(정중형)	部屋^{へや}がきれいですね。	방이 깨끗하네요.
(보통형)	部屋^{へや}がきれいだね。	방이 깨끗하네.
(「~だ」생략)	部屋^{へや}、きれい。	방, 깨끗해.

[문장연습 쓰기노트]　　　　　　　　　　　　　　　정답 300쪽

다음 문장을 일본어로 써 보세요.

① 매주 토요일은 하루 종일 한가합니다.
　　단어 一日中^{いちにちじゅう} 하루 종일

➡ _____

② 교통은 그다지 편리하지 않습니다.
　　단어 交通^{こうつう} 교통, 便利^{べんり} 편리하다

➡ _____

③ 중간시험은 생각보다 쉬웠습니다. (간단했습니다.)
　　단어 中間試験^{ちゅうかんしけん} 중간시험, 思^{おも}ったより 생각보다

➡ _____

④ 그다지 깨끗하지 않았습니다.

➡ _____

핵심문법 3 비교·대비 표현

⑤ ～は～ですが、～は～ ~는 ~(지)만, ~는~

① 田中さんは背が高いですが、すずきさんは低いです。

다나카씨는 키가 크지만, 스즈키씨는 작습니다.

② コーヒーは好きですが、紅茶はあまり好きではありません。

커피는 좋아하지만, 홍차는 그다지 좋아하지 않습니다.

④ ～は～より ~는 ~보다

① 田中さんはすずきさんより背が高いです。

다나카씨는 스즈키씨보다 키가 큽니다.

② ソウルは東京より寒いです。

서울은 토쿄보다 춥습니다.

④ ～より～のほう ~보다 ~쪽

① すずきさんより田中さんのほうが背が高いです。

스즈키씨보다 다나카씨 쪽이 키가 큽니다.

② 紅茶よりコーヒーのほうが好きです。

홍차보다 커피 쪽을 좋아합니다.

④ ～と～とどちら ~와(과)~중 어느 쪽

① 夏は東京と京都とどちらが暑いですか。

여름은 도쿄와 교토 중 어느 쪽이 덥습니까?

② コーヒーと紅茶とどちらにしますか。

커피와 홍차 중 어느 쪽으로 하시겠습니까?

Tip 「~にする」 ~로 하다

A : コーヒーと紅茶とどちらにしますか。

커피와 홍차 중 어느 쪽으로 하시겠습니까?

B : コーヒーにします。

커피로 하겠습니다.

④ ～は～ほど～ません ~는 ~만큼 ~지 않습니다.

① 東京は京都ほど暑くありません。

도쿄는 교토만큼 덥지 않습니다.

② 今日は昨日ほど眠くありません。

오늘은 어제만큼 졸리지 않습니다.

Tip 비교 표현에는 엄밀히 말하면 다음과 같이 두 가지가 있다.

1. A와 B를 단순히 배교해서, A가 더 ~인 경우
2. A도 B도 ~지만, 비교하면 A가 더 ~인 경우

「~は~ほど~ません ~는 ~만큼 ~지 않습니다.」는 2번이다.

예를 들어,

田中さんはすずきさんほど背が高くありません。

이 문장은 「田中さんもすずきさんも(一般の基準から言って)背が高い(다나카 씨도 스즈키 씨도 (일반적인 기준으로 봤을 때) 키가 크다)」라는 뜻이 포함되어 있다.

이 문형(より와 ほど)에서 중요한 포인트는 「~より」는 뒤에 긍정, 부정 다 올 수 있지만, 「~ほど」 뒤에는 「ません」와 같은 부정 표현이 와야 하는 점이다.

예) ○ 東京は、京都より暑くありません。 도쿄는 교토보다 덥지 않습니다.
    ○ 東京は、京都より暑いです。 도쿄는 교토보다 덥습니다.

예) ○ 東京は京都ほど暑くありません。 도쿄는 교토만큼 덥지 않습니다.
　　× 東京は京都ほど暑いです。

作文してみよう！ ────────────────────────○

비교·대비 표현을 이용하여 작문해 보세요.

「〜は〜ですが、〜は〜〜는 〜(지)만, 〜는〜」

_____

「〜は〜より 〜는 〜보다」

_____

「〜より〜のほう 〜보다 〜쪽」

_____

「〜と〜とどちら〜와(과)〜중 어느 쪽」

_____

「〜は〜ほど〜ません 〜는 〜만큼 〜지 않습니다.」

_____

[문장연습 쓰기노트] ▨▨▨▨▨▨▨▨▨▨▨▨▨▨▨▨▨▨　　　　　정답 300쪽

다음 문장을 일본어로 써 보세요.

① 전차는 편리합니다만, 버스는 불편합니다.

　　　단어　電車 전차, バス 버스

　　➡ _____

② 역은 버스정류장보다 멉니다.

단어 駅^{えき} 역, バス停^{てい} 버스정류장

➡ _____

③ 버스보다 자전거 쪽이 편리합니다.

단어 自転車^{じてんしゃ} 자전거

➡ _____

④ 버스와 전차 중 어느 쪽이 편리합니까?

➡ _____

⑤ 버스 정류장은 역만큼 가깝지 않습니다.

단어 近^{ちか}い 가깝다

➡ _____

ひと言

い형용사와 な형용사의 과거형을 혼동하지 말자.

× おもしろいでした。

× 楽^{たの}しいでした。

「おもしろい(재미있다)」는 い형용사다. い형용사의 과거형은 「~かったです」를 붙여야 한다.

○ おもしろかったです。 재미있었습니다.

○ 楽^{たの}しかったです。 즐거웠습니다.

な형용사의 과거형은 「~でした」를 붙인다. 예를 들어, 「しずか(조용하다)」의 과거형은 「しずかでした(조용했습니다)」가 된다.

▌うごき　움직임

• ごろごろ 데굴데굴, 빈둥빈둥

  週末は家でごろごろしていました。

  주말에는 집에서 빈둥빈둥하고 있었습니다.

• ぐずぐず 우물쭈물, 꾸물꾸물

  ぐずぐずしないで早くやって。

  꾸물꾸물 거리지 말고 빨리 해.

• だらだら 질질, 게으른, 장황한

  だらだらと過ごしているうちに、夏休みが終わってしまった。

  게으름 피우며 지내다 보니 여름 방학이 끝나버렸다.

형용사

기초적인 형용사를 알아보고 외웁시다.

[い형용사]

일본어	한국어	일본어	한국어	일본어	한국어
大<ruby>おお</ruby>きい	크다	甘<ruby>あま</ruby>い	달다	細<ruby>ほそ</ruby>い	가늘다
小<ruby>ちい</ruby>さい	작다	辛<ruby>から</ruby>い	맵다	太<ruby>ふと</ruby>い	두껍다
新<ruby>あたら</ruby>しい	새롭다	重<ruby>おも</ruby>い	무겁다	正<ruby>ただ</ruby>しい	옳다, 맞다
古<ruby>ふる</ruby>い	오래되다	軽<ruby>かる</ruby>い	가볍다	詳<ruby>くわ</ruby>しい	자세하다
いい(よい)	좋다	＊ほしい	갖고 싶다	硬<ruby>かた</ruby>い	딱딱하다
悪<ruby>わる</ruby>い	나쁘다	寂<ruby>さび</ruby>しい	쓸쓸하다	軟<ruby>やわ</ruby>らかい	부드럽다
暑<ruby>あつ</ruby>い	덥다	広<ruby>ひろ</ruby>い	넓다	気持<ruby>きも</ruby>ちがいい	기분이 좋다
寒<ruby>さむ</ruby>い	춥다	狭<ruby>せま</ruby>い	좁다	気持<ruby>きも</ruby>ちが悪<ruby>わる</ruby>い	(기분, 몸상태) 가 나쁘다
熱<ruby>あつ</ruby>い	뜨겁다	長<ruby>なが</ruby>い	길다	汚<ruby>きたな</ruby>い	더럽다
冷<ruby>つめ</ruby>たい	차갑다	短<ruby>みじか</ruby>い	짧다	うれしい	기쁘다
難<ruby>むずか</ruby>しい	어렵다	明<ruby>あか</ruby>るい	밝다	悲<ruby>かな</ruby>しい	슬프다
易<ruby>やさ</ruby>しい	쉽다	暗<ruby>くら</ruby>い	어둡다	恥<ruby>は</ruby>ずかしい	부끄럽다
高<ruby>たか</ruby>い	높다	背<ruby>せ</ruby>が高<ruby>たか</ruby>い	키가 크다	かわいい	귀엽다
低<ruby>ひく</ruby>い	낮다	背<ruby>せ</ruby>が低<ruby>ひく</ruby>い	키가 작다	厚<ruby>あつ</ruby>い	두껍다
高<ruby>たか</ruby>い	비싸다	頭<ruby>あたま</ruby>がいい	머리가 좋다	薄<ruby>うす</ruby>い	얇다
安<ruby>やす</ruby>い	싸다	危<ruby>あぶ</ruby>ない	위험하다	うまい	맛있다
おもしろい	재미있다	痛<ruby>いた</ruby>い	아프다	まずい	맛없다
若<ruby>わか</ruby>い	젊다, 어리다	眠<ruby>ねむ</ruby>い	졸리다	つまらない	시시하다, 지루하다
おいしい	맛있다	強<ruby>つよ</ruby>い	강하다	細<ruby>こま</ruby>かい	미세하다, 잘다
忙<ruby>いそが</ruby>しい	바쁘다	弱<ruby>よわ</ruby>い	약하다	濃<ruby>こ</ruby>い	짙다, 진하다
楽<ruby>たの</ruby>しい	즐겁다	調子<ruby>ちょうし</ruby>がいい	상태가 좋다	薄<ruby>うす</ruby>い	연하다
白<ruby>しろ</ruby>い	희다	調子<ruby>ちょうし</ruby>が悪<ruby>わる</ruby>い	상태가 나쁘다	ひどい	(정도가)심하다

일본어	한국어	일본어	한국어	일본어	한국어
黒い	검다	体にいい	몸에 좋다	怖い	무섭다
赤い	붉다	すごい	대단하다	厳しい	엄격하다
青い	파랗다	多い	많다	都合がいい	상황이 좋다
近い	가깝다	少ない	적다	都合が悪い	상황이 나쁘다
遠い	멀다	暖かい	따뜻하다	気分がいい	기분이 좋다
早い	(시기)빠르다	涼しい	시원하다	気分が悪い	(기분, 몸상태) 가 나쁘다
速い	(속도)빠르다	うるさい	시끄럽다	珍しい	드물다
遅い	늦다	えらい	훌륭하다	おかしい	이상하다
優しい	상냥하다	ちょうどいい	딱 좋다	うらやましい	부럽다
ややこしい	헷갈리다, 까다롭다	まぎらわしい	헷갈리기 쉽다	すばらしい	훌륭하다

[な형용사]

일본어	한국어	일본어	한국어	일본어	한국어
きれい	아름답다, 예쁘다, 깨끗하다	上手	잘한다	十分	충분하다
静か	조용하다	下手	미숙하다	だめ	안된다
にぎやか	번화하다	いろいろ	여러가지다	楽	편하다
有名	유명하다	大変	힘들다	ハンサム	잘생겼다
親切	친절하다	大切	소중하다	大きな	큰
元気	건강하다	大丈夫	괜찮다	小さな	작은
暇	한가하다	無理	무리다	複雑	복잡하다
便利	편리하다	無駄	소용없다	邪魔	거추장스럽다. (방해)
すてき	멋지다	不便	불편하다	危険	위험하다
好き	좋아하다	真面目	성실하다	必要	필요하다
嫌い	싫어하다	熱心	열심히 하다	丈夫	튼튼하다
簡単	간단하다	心配	걱정스럽다	変	이상하다
安全	안전하다	適当	적당하다	幸せ	행복하다
丁寧	정중하다	嫌	싫다		

제3장

동사

시작하기

⚙ 학습 내용

일본어 동사에 대해서 학습한다.

⚙ Point 日本語の動詞

1. 동사는 주어(主語)의 동작을 나타낸다. 그 외에도 `ある(있다), いる(있다), できる (할 수 있다)` 등 주어의 상태를 나타내는 것이 있다.

2. 일본어 동사는 사전형이 「う단」으로 끝난다. 또한, 동사는 뒤에 「~ます」「~た」「~て」「~ない」 등이 접속할 때 형태가 변한다.

3. 동사를 정중형(~입니다.)로 만들 때, ます 앞에 오는 동사의 활용(접속) 형태를 동사의 ます형이라고 부른다. 마찬가지로 た가 붙으면 た형, て가 붙으면 て형, ない가 붙으면 ない형이라고 한다.

4. 일본어 동사는 활용에 따라 1그룹 동사, 2그룹 동사, 3그룹 동사 세 가지로 구분한다.

퀴즈

정답 300쪽

다음 문장을 일본어로 써 보세요.

1. 매일 아침 7시에 일어납니다.

➡ _____

2. 오늘은 학교에 안 갑니다.　　　　　단어 학교 学校(がっこう)

➡ _____

3. 기무라씨는 회의에 참석하지 않습니다.　단어 회의 会議(かいぎ)

➡ _____

4. 친구는 오지 않았습니다.　　　　단어 친구 友達(ともだち)

➡ _____

5. 일이 일찍 끝났습니다.　　　　단어 일 仕事(しごと)

➡ _____

단어

毎朝(まいあさ)	매일 아침
起(お)きる	[동2] 일어나다
学校(がっこう)	학교
行(い)く	[동1] 가다

参加する	[동3] 참가하다
友達	친구
来る	[동3] 오다
仕事	일
早い	[い형] 빠르다
早く	빨리, 일찍
終わる	[동1] 끝나다
切る	[동1] 자르다
読む	[동1] 읽다
会う	[동1] 만나다
着く	[동1] 도착하다
開く	[동1] 열다
テレビ	TV
お酒	술
海	바다
泳ぐ	[동1] 수영하다

학습하기

핵심문법 1 동사 종류

일본어 동사는 활용 형태에 따라 1그룹 동사, 2그룹 동사, 3그룹 동사 세 가지로 나눈다.

1 1그룹 동사

1) 「る」로 끝나지 않는 동사는 무조건 1그룹.

「う단」(う, く, す, つ, ぬ, ふ, む, ゆ)로 끝나는 동사

会う 만나다　書く 쓰다　話す 이야기하다
待つ 기다리다　遊ぶ 놀다　飲む 마시다

2) 「る」로 끝나는 동사 중, 「る」 앞에 오는 모음이 「あ(a)、う(u)、お(o)」인 것.

[a]	あ[a]る	(사물) 있다	終わ[wa]る	끝나다
[u]	降[fu]る	(비/눈) 내리다	送[ku]る	보내다
[o]	と[to]る	잡다	戻[do]る	되돌아가다

〈예외!〉
「る」로 끝나고, 「る」앞에 오는 모음이 「い(i)、え(e)」임에도 1그룹으로 활용 하는 동사.
다음 8개 단어는 예외 동사로 외우기!

① 切る 자르다
② 走る 달리다
③ 知る 알다

④ 帰る 돌아가다

⑤ 入る 들어가다

⑥ 減る 줄다

⑦ 要る 필요하다

⑧ ける (발로) 차다

Tip 위의 8개 동사들은 형태는 2그룹 동사이지만, 예외로 1그룹으로 활용하기 때문에 꼭 외워 두자.

2 2그룹 동사

「る」로 끝나는 동사 중, 「る」 앞에 오는 모음이 「い(i)、え(e)」인 동사.

食べる(ta-be-ru) 먹다   みる(mi-ru) 보다

寝る 자다   いる (사람이)있다

起きる 일어나다   借りる 빌리다

3 3그룹 동사(불규칙 동사)

3그룹 동사는 「する 하다」와 「来る 오다」 두 가지 밖에 없다.
활용 규칙이 없기 때문에, 활용할 때마다 형태를 따로 외워야 한다.

① する 하다
　　勉強(を)する 공부(를) 하다
　　そうじ(を)する 청소(를) 하다
　　料理(を)する 요리(를) 하다

② 来る 오다

다음 한국어를 일본어로 쓰고 그룹 별로 나누세요.

자르다　읽다　만나다　도착하다　열다　오다　참가하다　믿다

1그룹 동사	2그룹 동사	3그룹 동사

핵심문법 2 동사 활용

---

① **ます형 만드는 법**

1) 1그룹 동사

어미를 「い」단으로 바꾼 뒤 「ます」를 붙인다.

行く　　　　　→　行き　ます
　　　　　　　　　　갑니다

待つ　　　　　→　待ち　ます
　　　　　　　　　　기다립니다

遊ぶ　　　　　→　遊び　ます
　　　　　　　　　　놉니다

話す　　　　　→　話し　ます
　　　　　　　　　　이야기합니다

2) 2그룹 동사

어미 「る」를 떼고 「ます」를 붙인다.

$\overset{た}{食}べる$ → 食べ ます

먹습니다

$\overset{み}{見}る$ → 見 ます

봅니다

$\overset{おし}{教}える$ → 教え ます

가르칩니다

3) 3그룹 동사

(1) する → します

합니다

$\overset{べんきょう}{勉強}する$ → 勉強します

공부합니다

そうじする → そうじします

청소합니다

(2) $\overset{く}{来}る$ → 来(き)ます

옵니다

* 「$\overset{く}{来}る$오다」는 같은 한자(来)임에도 발음이 바뀐다.

① $\overset{あした}{明日}$は$\overset{やす}{休}$みます。

내일은 쉽니다.

② $\overset{いえ}{家}$でテレビを$\overset{み}{見}$ます。

집에서 TV를 봅니다.

③ $\overset{あつ}{集}$まりに$\overset{さんか}{参加}$します。

모임에 참석합니다.

동사 ます형을 이용하여 작문해 보세요.

_____

_____

_____

_____

2 ない형(부정형) 만드는 법

'~지 않는다'의 뜻을 가진 동사의 부정형은 동사 활용형에 **ない**를 붙여 만든다. 여기서, 동사 **ない**형을 가지고 활용하는 문법도 앞으로 많기 때문에 **ない**형으로 만드는 방법을 확실하게 외워두는 편이 좋다. (예. **~なくてもいい**, **~なければならない**)

1) 1그룹 동사

어미를 「**あ**」단으로 바꾸고 「**ない**」를 붙인다.

行く　　　　　→　行か　**ない**
　　　　　　　　　　가지 않는다

待つ　　　　　→　待た　**ない**
　　　　　　　　　　기다리지 않는다

遊ぶ　　　　　→　遊ば　**ない**
　　　　　　　　　　놀지 않는다

話す　　　　　→　話さ　**ない**
　　　　　　　　　　이야기 하지 않는다

2) 2그룹 동사

어미 「**る**」를 떼고 「**ない**」를 붙인다.

食べる　　　　→　食べ　ない
　　　　　　　　　먹지 않는다

見る　　　　　→　見　ない
　　　　　　　　　보지 않는다

教える　　　　→　教え　ない
　　　　　　　　　가르치지 않는다

3) 3그룹 동사

(1) する　　　　→　しない
　　　　　　　　　하지 않는다

勉強する　　　→　勉強しない
　　　　　　　　　공부하지 않는다

そうじする　　→　そうじしない
　　　　　　　　　청소하지 않는다

(2) 来る　　　　→　来(こ)ない
　　　　　　　　　오지 않는다.

① たばこは吸わない。

담배는 피우지 않는다.

② コップが足りない。

컵이 모자라다.

　　　　　　　　　　　　　　　단어 足りる : [동2] 족하다, 충분하다

③ 中村さんが来ない。

나카무라 씨가 오지 않는다.

📝 作文してみよう！ ───────────────────────────○

동사 ない형을 이용하여 작문해 보세요.

_____

_____

③ た형(과거형) 만드는 법

동사에 た를 붙이면 '~했다'라는 과거형이 된다. 동사 た형을 가지고 활용하는 문법도 많다. (예. ~たことがある, ~た方がいい)

た형 만드는 법은 て형 만드는 법과 똑같다. た형 만드는 법을 알고 있으면 て형도 만들 수 있다.

1) 1그룹 동사

(1) 어미가 「く」인 동사

- 「く」를 「い」로 바꾸고 「た」를 붙인다.　　　書く → 書い+た → 書いた
- 「ぐ」는 「い」로 바꾸고 「だ」를 붙인다.　　　急ぐ → 急い+だ → 急いだ
- 〈예외〉 行く 가다 →　行った

(2) 어미가 「む」「ぶ」「ぬ」인 동사

- 어미 「む」「ぶ」「ぬ」를 「ん」로 바꾸고 「だ」를 붙인다.

　　　　　　　　休む → 休ん+だ → 休んだ

(3) 어미가 「う」「つ」「る」인 동사
- 어미 「う」「つ」「る」를 「っ」로 바꾸고 「た」를 붙인다.

　　　　　　　　帰る → 帰っ+た → 帰った

④ 어미가 「す」인 동사

- 어미 「す」를 「し」로 바꾸고 「た」를 붙인다.　話す → 話し+た → 話した

2) 2그룹 동사

어미의 「る」를 떼고 「た」를 붙인다.　　　　食べる → 食べる+た → 食べた

3) 3그룹 동사

(1) する → した

　・勉強する → 勉強した
　　べんきょう　　　べんきょう

　・そうじする → そうじした

(2) 来(く)る → 来(き)た

1그룹동사	書く か	쓰다	→	書く か	い	た	書いた か
	急ぐ いそ	서두르다	→	急ぐ いそ		だ	急いだ いそ
	休む やす	쉬다	→	休む やす	ん	だ	休んだ やす
	遊ぶ あそ	놀다	→	遊ぶ あそ			遊んだ あそ
	死ぬ し	죽다	→	死ぬ し			死んだ し
	買う か	사다	→	買う か	っ	た	買った か
	待つ ま	기다리다	→	待つ ま			待った ま
	帰る かえ	돌아가다	→	帰る かえ			帰った かえ
	話す はな	이야기하다	→	話す はな	し	た	話した はな
2그룹동사	食べる た	먹다	→	食べる た	る	た	食べた た
	見る み	보다	→	見る み			見た み
	教える おし	가르치다	→	教える おし			教えた おし
3그룹동사	する	하다	した				
	来る く	오다	来た き				

① 新しいパソコンを買った。
　あたら　　　　　　か

새로운 PC를 샀다.

② 先生に質問した。
　せんせい　しつもん

선생님께 질문했다.

③ 図書館で本を借りた。
　としょかん　ほん　か

도서관에서 책을 빌렸다.

동사 た형을 이용하여 작문해 보세요.

_____

_____

_____

_____

4 활용표

비과거형(미래나 현재, 습관, 진리)

	긍정		부정	
보통형	行く	가다[사전형]	行かない	가지 않는다
정중형	行きます	갑니다	行きません	가지 않습니다

과거형

	긍정		부정	
보통형	行った	갔다	行かなかった	가지 않았다
정중형	行きました	갔습니다	行きませんでした	가지 않았습니다

① 今日は家にいます。

오늘은 집에 있습니다.

② 毎晩9時におふろに入ります。

매일 밤 9시에 목욕을 합니다.

③ 今日はどこにも行きません。

오늘은 어디에도 안 갑니다.

④ まだ帰りません。

아직 (집에)돌아가지 않습니다.

⑤ 本を一冊読みました。

책을 한 권 읽었습니다.

⑥ 昨日、田中さんに会いました。

어제 다나카씨를 만났습니다.

⑦ 昨日は会社に行きませんでした。

어제는 회사에 가지 않았습니다.

⑧ 田中さんは家にいませんでした。

다나카 씨는 집에 없었습니다.

作文してみよう！

동사를 이용하여 작문해 보세요.

_____

_____

_____

_____

[문장연습 쓰기노트]   정답 301쪽

다음 문장을 일본어로 써 보세요.

① 아침 6시에 출발합니다.

➡ _____

② 일은 5시에 끝납니다.

➡ _____

③ 아침밥은 먹지 않습니다.

➡ _____

④ 술은 마시지 않습니다.

　　단어 お酒 술

➡ _____

⑤ 어제는 친구와 영화를 봤습니다.

　　단어 友達 친구, 映画 영화

➡ _____

⑥ 오늘은 비가 안 왔습니다.

　　단어 雨が降る 비가 오다/내리다

➡ _____

핵심문법 3 동사를 수식하는 형용사 활용

형용사를 부사(副詞)적으로 사용한다.

예) あたたかい 따뜻하다

　　あたたかく　　なる 따뜻하게 되다 (따뜻해지다)
　　い형용사　　　　동사(되다)

예) はやい 빠르다

　　はやく　　起きる 일찍 일어나다
　　い형용사　　동사(일어나다)

1 い형용사

い형용사를 동사 수식 형태로 만들기 위해서는 い형용사의 い를 떼고 く를 붙인다.

い형용사い く + 동사 ~하게~

楽しい　→　楽しく ＋ 동사

즐겁다　　　　즐겁게

辛い　→　辛く ＋ 동사

맵다　　　　맵게

① すこし早く着きました。

조금 일찍 도착했습니다.

② 最近、忙しくなりました。

요즘 바빠졌습니다.

2 な형용사

な형용사를 동사 수식 형태로 만들기 위해서는 な형용사에 に를 붙인다.

な형용사に ＋동사

元気　→　元気に

건강하다　　　건강하게

便利　→　便利に

편리하다　　　편리하게

① 朝は、簡単に食べました。

아침은 간단하게 먹었습니다.

② 日本語が好きになりました。

일본어를 좋아하게 되었습니다.

동사를 수식하는 형용사를 이용하여 작문해 보세요.

_____

_____

_____

_____

[문장연습 쓰기노트] 정답 301쪽

다음 문장을 일본어로 써 보세요.

① 어제는 일찍 잤습니다.
　　단어 早<small>はや</small>い 빠르다

　➡ _____

② 친구가 늦게 왔습니다.
　　단어 遅<small>おそ</small>い 늦다

　➡ _____

③ 방을 깨끗하게 했습니다.
　　단어 きれい 깨끗하다

　➡ _____

④ 그는 일본어를 능숙하게 말합니다.
　　단어 上手<small>じょうず</small> 능숙하다

　➡ _____

✏️ ひと言 ──────────────

동사의 기본형? 보통형?

동사의 기본형은 동사의 활용형 중에 하나이며, 사전형과 같다.

동사의 활용:

기본형(=사전형)	「行く」
ます형	「行きます」
연용(連用)형	「行く時」
ない형	「行かない」
た형	「行った」
て형	「行って」

　한편 보통형이란 정중형이 아닌 것을 말한다. 즉, 「行きます」「行きました」등 정중한 느낌을 주는 표현(존댓말 같은 것, 주로 「~です」, 「~ます」를 쓰는 표현)을 정중형이라고 하고, 「行く」「行った」등 정중하지 않은 느낌을 주는 표현(반말 같은 것)을 보통형이라고 한다.

예)

정중형 「行きます」	──	보통형 「行く」
정중형 「行きません」	──	보통형 「行かない」
정중형 「行きました」	──	보통형 「行った」
정중형 「行きませんでした」	──	보통형 「行かなかった」

きもち　감정

- どきどき　두근두근

  <ruby>彼<rt>かれ</rt></ruby>に<ruby>会<rt>あ</rt></ruby>うたびにどきどきする。

  그를 만날 때 마다 두근두근 거린다.

- うきうき　들뜬 모양

  <ruby>今日<rt>きょう</rt></ruby>は<ruby>遠足<rt>えんそく</rt></ruby>なので<ruby>朝<rt>あさ</rt></ruby>からうきうきしている。

  오늘은 소풍이라서 아침부터 들떠 있다.

- わくわく　기대가 돼서 두근두근하는 모양

  <ruby>日本<rt>にほん</rt></ruby><ruby>旅行<rt>りょこう</rt></ruby>が<ruby>楽<rt>たの</rt></ruby>しみで、わくわくする。

  일본 여행이 기대돼서 두근거린다.

- いきいき　생기가 넘치는 모양

  すずきさんは<ruby>結婚<rt>けっこん</rt></ruby>してからいきいきしている。

  스즈키씨는 결혼하고 나서 생기가 넘친다.

- いらいら　짜증나다, 초조해하다

  <ruby>彼<rt>かれ</rt></ruby>の<ruby>行動<rt>こうどう</rt></ruby>を<ruby>見<rt>み</rt></ruby>ているといらいらする。

  그의 행동을 보고 있으면 짜증이 난다.

동사

JLPT N5, N4에 나오는 기초적인 동사를 알아보고 외웁시다.

[1그룹 동사]

일본어	한국어	일본어	한국어
書く	쓰다	行く	가다
働く	일하다	聞く	듣다
急ぐ	서두르다	泳ぐ	수영하다
死ぬ	죽다	遊ぶ	놀다
呼ぶ	부르다	休む	쉬다
読む	읽다	飲む	마시다
買う	사다	会う	만나다
習う	배우다	吸う	빨다, 피우다
手伝う	도와주다	もらう	받다, 얻다
持つ	들다	待つ	기다리다
帰る	돌아가다	入る	들어가다
降る	(비, 눈이)오다	ある	(물건이)있다
終る	끝나다	取る	잡다, 들다
切る	자르다	送る	보내다
知る	알다	かかる	걸리다, 들다
曲がる	구부러지다, 돌다	話す	이야기하다
貸す	빌려주다	出す	내다, 꺼내다
消す	끄다, 지우다	上がる	올라가다
暮らす	지내다, 살다	謝る	사과하다
歩く	걷다	動く	움직이다
歌う	노래부르다	写す	그리다, 묘사하다
起こす	일으키다	選ぶ	고르다
怒る	화내다	笑う	웃다

押す	밀다	踊る	춤추다
驚く	놀라다	思う	생각하다
折る	접다	移す	옮기다
泊まる	묵다	去る	떠나다
登る	오르다	走る	달리다
通う	다니다	横切る	가로지르다
飛ぶ	날다	渡る	건너다
着く	도착하다	戻る	되돌아가다
至る	도달하다	教わる	가르침을 받다, 배우다
思い出す	생각해 내다, 회상하다	撮る	(사진을) 찍다
間に合う	맞게 가다, 늦지 않다	かぶる	(모자를) 쓰다

[2그룹 동사]

일본어	한국어	일본어	한국어
食べる	먹다	寝る	자다
起きる	일어나다	借りる	빌리다
見る	보다	いる	(사람이)있다
教える	가르치다	あげる	주다
かける	걸다	迎える	맞다, 맞이하다
疲れる	피곤하다, 지치다	出る	나가다, 나오다
見せる	보여주다	つける	붙이다, 켜다
浴びる	(주목을)받다, (아침 햇살을)쬐다	止める	세우다, 멈추다, 고정시키다
開ける	열다	閉める	닫다
足りる	충분하다, 족하다	着る	입다
入れ替える	교체하다	植える	(나무를) 심다
生まれる	태어나다	遅れる	늦다
覚える	외우다, 기억하다	降りる	내리다
答える	대답하다	離れる	(거리가 멀리)떨어지다
届ける	전하다	上げる	올리다, 들다

[3그룹 동사 (불규칙동사)]

일본어	한국어	일본어	한국어
する	하다	来<ruby>く</ruby>る	오다
あいさつする	인사하다	安心<ruby>あんしん</ruby>する	안심하다
遠慮<ruby>えんりょ</ruby>する	사양하다	案内<ruby>あんない</ruby>する	안내하다
散歩<ruby>さんぽ</ruby>する	산책하다	招待<ruby>しょうたい</ruby>する	초대하다
合格<ruby>ごうかく</ruby>する	합격하다	失敗<ruby>しっぱい</ruby>する	실패하다
出席<ruby>しゅっせき</ruby>する	출석하다	出発<ruby>しゅっぱつ</ruby>する	출발하다
失礼<ruby>しつれい</ruby>する	실례하다	故障<ruby>こしょう</ruby>する	고장 나다
参加<ruby>さんか</ruby>する	참가하다	支度<ruby>したく</ruby>する	준비하다, 채비하다
経験<ruby>けいけん</ruby>する	경험하다	コピーする	복사하다
質問<ruby>しつもん</ruby>する	질문하다	卒業<ruby>そつぎょう</ruby>する	졸업하다
入学<ruby>にゅうがく</ruby>する	입학하다	到着<ruby>とうちゃく</ruby>する	도착하다
入場<ruby>にゅうじょう</ruby>する	입장하다	退場<ruby>たいじょう</ruby>する	퇴장하다
達<ruby>たっ</ruby>する	도달하다	びっくりする	놀라다

* 일상생활에서 자주 사용하는 말

일본어	한국어	일본어	한국어
写真<ruby>しゃしん</ruby>を撮<ruby>と</ruby>る	사진을 찍다.	たばこを吸<ruby>す</ruby>う	담배를 피우다.
メモを取<ruby>と</ruby>る	메모를 하다.	元気<ruby>げんき</ruby>を出<ruby>だ</ruby>す	기운을 내다.
元気<ruby>げんき</ruby>が出<ruby>で</ruby>る	기운이 나다.	ゆっくりする	푹 쉬다
のんびりする	느긋하게 지내다.	電話<ruby>でんわ</ruby>が鳴<ruby>な</ruby>る	전화가 울리다.
一杯<ruby>いっぱい</ruby>やる	술 한 잔 하다.	計画<ruby>けいかく</ruby>を立<ruby>た</ruby>てる	계획을 세우다.
目標<ruby>もくひょう</ruby>を立<ruby>た</ruby>てる	목표를 세우다.	雨<ruby>あめ</ruby>が降<ruby>ふ</ruby>る	비가 내리다.
お風呂<ruby>ふろ</ruby>に入<ruby>はい</ruby>る	목욕을 하다.	シャワーを浴<ruby>あ</ruby>びる	샤워를 하다.
風邪<ruby>かぜ</ruby>をひく	감기에 걸리다.	かぎをかける	열쇠를 잠그다.

제4장

동사 응용 표현 1
– 경험, 열거, 희망, 목적 –

시작하기

⚙ 학습 내용

동사 활용 형태를 사용한 경험, 희망, 목적 표현문형을 배운다.

ます형 문형

• 동사ます형＋たいです

• 동사ます형＋たがります

• 동사의ます형＋に

ない형 문형

• 동사ない형＋ないことがあります

た형 문형

• 동사た형＋たことがあります

• 동사た＋たことがありません

• 동사た형＋たり　동사 た형＋たりします

보통형 문형

• 동사 보통형＋ことがあります

❀ Point 동사 활용 형태

1. 동사 활용 형태

동사 ます형, ない형, た형에 문형을 접속하여 여러 가지 표현을 만들 수 있다. 여기서 동사의 ます형이란, ます에 접속하는 부분, 즉 형태가 변하지 않는 부분(語幹,어간)을 말한다. 예를 들어, 「行く」의 ます형은 「行き」, ない형은 「行か」, た형은 「行っ」부분을 말한다.

・「行く」

行き	ます
行か	ない
行っ	た

2. 보통형이란

동사, 형용사의 활용 형태는 보통형(普通形)과 정중형(丁寧形)으로 구분할 수 있다.(2과 형용사, 3과 동사 표 참고.)

・ 동사 보통형

行く	긍정	부정
비과거형	行く [사전형] 간다	行かない [ない형] 가지 않는다
과거형	行った [た형] 갔다	行かなかった [ない형＋なかった] 가지 않았다

・ い형용사 보통형

おもしろい	긍정	부정
비과거형	おもしろい [사전형] 재미있다	おもしろくない 재미있지 않다
과거형	おもしろかった 재미있었다	おもしろくなかった 재미있지 않았다

• な형용사 보통형

しずか	긍정	부정
비과거형	しずか [사전형] 조용하다	しずかではない 조용하지 않다
과거형	しずかだった 조용했다	しずかではなかった 조용하지 않았다

퀴즈

정답 301쪽

다음 문장을 일본어로 써 보세요.

1. 일본에 한 번도 간 적이 없습니다.

   ➡ _____

2. 일본에 가고 싶습니다.

   ➡ _____

3. 도서관에 책을 빌리러 갔습니다.　　　　　단어 빌리다 借りる

   ➡ _____

4. 학교까지 가는데 버스로 1시간 걸립니다.　　단어 걸리다 かかる

   ➡ _____

5. 쉬는 날은 책을 읽거나 음악을 듣곤 합니다.

   ➡ _____

단어

一度^{いちど}も	한 번도
図書館^{としょかん}	도서관
バス	버스
音楽^{おんがく}	음악
子供^{こども}のころ	아이였을 때, 어릴 적
アイロンをかける	다리미질을 하다
目^めが覚^さめる	눈을 뜨다
出張^{しゅっちょう}	출장
商店街^{しょうてんがい}	상점가
仕事^{しごと}の後^{あと}	일을 마친 뒤
サイバー大学^{だいがく}	사이버 대학
禁煙席^{きんえんせき}	금연석
喫煙席^{きつえんせき}	흡연석
赤^{あか}いセーター	빨간 스웨터
ロボット	로봇
髪^{かみ}を切^きる	머리카락을 자르다
海^{うみ}で泳^{およ}ぐ	바다에서 수영하다
スペイン料理^{りょうり}	스페인 요리
部長^{ぶちょう}	부장님

一日中 (いちにちじゅう)	하루 종일
制服 (せいふく)	교복
小屋に入る (こや・はい)	우리에 들어가다
嫌 (いや)	[な형] 싫어하다(=嫌い (きら))
服 (ふく)	옷
着替える (きが)	[동2] 옷갈아입다
合格する (ごうかく)	합격하다
体力をつける (たいりょく)	체력을 기르다
役に立つ (やく・た)	도움이 되다
ひも	끈
ビンのふた	병의 뚜껑
塾 (じゅく)	학원
お皿 (さら)	접시
来客用 (らいきゃくよう)	손님용
通勤 (つうきん)	통근
近所 (きんじょ)	근처, 이웃집

학습하기

핵심문법 1 경험 및 열거

1 경험

④ 〜たことがあります ~한 적이 있습니다. (경험)

・ 동사 た형 ＋たことがあります

会^あう	→	会っ	＋	た	ことがあります	만난 적이 있습니다
読^よむ	→	読ん	＋	だ	ことがあります	읽은 적이 있습니다
食^たべる	→	食べ	＋	た	ことがあります	먹은 적이 있습니다
する	→	し	＋	た	ことがあります	한 적이 있습니다
来^くる	→	来(き)	＋	た	ことがあります	온 적이 있습니다

「今^{いま}までに 지금까지, これまでに 이제까지, 前^{まえ}に 전에, 以前^{いぜん} 이전, むかし 예전, 子供^{こども}のころ 아이였을 때, 学生^{がくせい}のころ 학생이었을 때」 등과 함께 쓰인다.

① 日本^{にほん}にはこれまでに３回^{かいい}行ったことがあります。

일본에는 이제까지 3번 간 적이 있습니다.

② その本^{ほん}は子供^{こども}のころ読^よんだことがあります。

그 책은 아이였을 때 읽은 적이 있습니다.

③ 高校生^{こうこうせい}の時^{とき}に1年^{ねん}ぐらい日本語^{にほんご}を習^{なら}ったことがあります。

고등학생 때 1년 정도 일본어를 배운 적이 있습니다.

④ そんな話^{はなし}は聞^きいたことがありません。

그런 이야기는 들은 적이 없습니다.

④ **〜ことがあります** ~하는 경우가 있습니다. (경험)

- 동사 보통형＋ことがあります

会^あう	→	会う	＋ ことがあります	만나는 경우가 있습니다

会<ruby>会<rt>あ</rt></ruby>う　→　会う　＋　ことがあります　만나는 경우가 있습니다

読<ruby>読<rt>よ</rt></ruby>む　→　読む　＋　ことがあります　읽는 경우가 있습니다

食<ruby>食<rt>た</rt></ruby>べる　→　食べる　＋　ことがあります　먹는 경우가 있습니다

する　→　する　＋　ことがあります　하는 경우가 있습니다

来<ruby>来<rt>く</rt></ruby>る　→　来る　＋　ことがあります　오는 경우가 있습니다

「ときどき때때로、たまに가끔、このごろ요즘」등과 같이 쓰인다.

① ときどき自転車<ruby>自転車<rt>じてんしゃ</rt></ruby>で会社<ruby>会社<rt>かいしゃ</rt></ruby>まで行<ruby>行<rt>い</rt></ruby>くことがあります。

　　때때로 자전거로 회사까지 가는 경우가 있습니다.

② たまに自分<ruby>自分<rt>じぶん</rt></ruby>でアイロンをかけることがあります。

　　가끔 스스로 다리미질을 하는 경우가 있습니다.

③ このごろ早朝<ruby>早朝<rt>そうちょう</rt></ruby>に目<ruby>目<rt>め</rt></ruby>が覚<ruby>覚<rt>さ</rt></ruby>めることがあります。

　　요즘 새벽에 눈을 뜨는 경우가 있습니다.

④ 日本<ruby>日本<rt>にほん</rt></ruby>へは、ときどき出張<ruby>出張<rt>しゅっちょう</rt></ruby>で行<ruby>行<rt>い</rt></ruby>くことがあります。

　　일본에는 때때로 출장으로 가는 경우가 있습니다.

④ **〜ないことがあります** ~하지 않는 경우가 있습니다. (경험)

- 동사ない형＋ないことがあります

会<ruby>会<rt>あ</rt></ruby>う　→　会わ　＋　ない　ことがあります　만나지 않는 경우가 있습니다

読<ruby>読<rt>よ</rt></ruby>む　→　読ま　＋　ない　ことがあります　읽지 않는 경우가 있습니다

食<ruby>食<rt>た</rt></ruby>べる　→　食べ　＋　ない　ことがあります　먹지 않는 경우가 있습니다

する　→　し　＋　ない　ことがあります　하지 않는 경우가 있습니다

来<ruby>来<rt>く</rt></ruby>る　→　来(こ)　＋　ない　ことがあります　오지 않는 경우가 있습니다

① たまに夜ごはんを食べないことがあります。

가끔 저녁밥을 먹지 않는 경우가 있습니다.

② たまに朝、起きれないことがあります。

가끔 아침에 일어나지 못 하는 경우가 있습니다.

③ ときどき学校に来ないことがあります。

때때로 학교에 오지 않는 경우가 있습니다.

Tip 「起きれない」는 「起きる」의 가능형 「起きれる」의 부정형. 14과 가능표현 참고.

作文してみよう！

「～ことがあります」을 이용하여 작문해 보세요.

_____

_____

_____

_____

質問！

Q '～때'를 표현할 때 「ころ」와 「とき」 구분 없이 사용해도 되나요?

A 「ころ」와 「とき」는 둘 다 시간이나 기간을 나타내는 말이며, 큰 차이는 없다. 뉘앙스 차이를 말한다면 「とき」는 한정적이고 「ころ」는 막연한 기간을 나타낸다. 「とき」는 "때", 「ころ」는 "쯤"의 차이와 비슷하다.

예를 들어,

① 二十歳のとき、母が指輪をプレゼントしてくれた。

스무살 때 엄마가 반지를 선물해 줬다.

② 二十歳のころ、私は旅行ばかりしていた。

스무살 때쯤 나는 여행만 하고 있었다.

위 두 문장에서 **ころ**와 **とき** 를 바꿔도 큰 문제는 없다. 하지만, ①은 반지 선물을 받았다라는 한정적인 기간을 나타내고 있고, ②는 여행을 하고 있었다라는 기간을 말하고 있기 때문에 위와 같이 (①**とき**, ②**ころ**) 쓰는 것이 더 자연스럽다.

---

2 열거

⑤ **〜たり〜たりします** ~거나 ~곤 합니다.

· 동사 **た**형 + **たり**, 동사 **た**형 + **たりします**

会う	→	会っ	+	たり	만나거나
読む	→	読ん	+	だり	읽거나
食べる	→	食べ	+	たり	먹거나
する	→	し	+	たり	하거나
来る	→	来(き)	+	たり	오거나

몇 개의 사건 중에서 2, 3개를 열거할 때 사용한다.

① デパートに入ったり、商店街を歩いたりしました。

백화점에 들어가거나, 상점가를 걷곤 하였습니다.

② 先週末は、子供と遊んだり、ゴルフに行ったりしました。

저번 주말은 아이와 놀거나 골프를 치러 가거나 했습니다.

③ 仕事の後は、サイバー大学の授業を聞いたり、日本のドラマを見たりします。

일을 마친 뒤에는 사이버 대학의 수업을 듣거나 일본 드라마를 보곤 합니다.

④ ～たり～たりします ~이었다 ~이었다 합니다

· 동사 た형＋たり、동사 た형＋たりします

반대가 되는 동작이 반복될 때나, 사건이 일정하게 일어나지 않는 경우에 사용한다.

대립 하는 동작 :

出る 나가다　－ 入る 들어오다
上がる 오르다　－ 下がる 내리다
開ける 열다　－ 閉める 닫다

① 日本を行ったり来たりしました。
　일본을 왔다 갔다 했습니다.

② 雨が降ったり止んだりします。
　비가 내렸다 그쳤다합니다.

· (형용사 과거형)たり
· 명사＋だったり

い형용사	いそがしい	→	いそがしかっ	＋	たり	바빴다가
な형용사	ひま	→	ひまだっ	＋	たり	한가했다가
명사	朝	→	朝	＋	だったり	아침이었다가

① 最近、暑かったり寒かったりします。
　최근 덥다가 춥다가 합니다.

② 最近、体調が良かったり悪かったりします。
　최근 몸 상태가 좋았다가 나빴다가 합니다.

③ コーヒーショップは時間によって静かだったりにぎやかだったりします。
　커피숍은 시간에 따라 조용했다 북적였다 합니다.

④ 禁煙席だったり喫煙席だったりします。
　금연석이었다가 흡연석이었다가 합니다.

「～たり～たりします」을 이용하여 작문해 보세요.

_____

_____

_____

_____

✋ 質問！

Q 日本を<u>行ったり来たり</u>しています。에서 꼭 조사 「を」를 써야 하나요? 「に」를 쓰면 안되요?

A 조사 「を」를 써야한다.

「日本を行ったり来たりします。」는 「(ソウルと) 日本を行ったり来たりします。」와 같이
「~と~を行ったり来たりする。」의 「~と」 부분이 생략이 되어 있는 표현이다.

한편,
日本(に/へ)行ったり、アメリカ(に/へ)行ったりします。와 같이 「~たり~たり」 문장에서
는 「に/へ」를 써야 한다.

[**문장연습 쓰기노트**]   정답 301쪽

다음 문장을 일본어로 써 보세요.

① 해외에 한 번도 간 적이 없습니다.
    단어 **海外** 해외, **一度も** 한 번도
（かいがい）　（いちど）

➡ _____

② 때때로 수업에 지각할 경우가 있습니다.

    단어 授業 수업, ちこくする 지각하다

➡ _____

③ 가끔 일이 끝나지 않는 경우가 있습니다.

    단어 仕事 일, 終わる 끝나다

➡ _____

④ 주말은 산을 오르거나, 영화를 보곤 합니다.

    단어 山に登る 산을 오르다

➡ _____

⑤ 아침밥은 먹거나 먹지 않거나 합니다.

    단어 朝ごはん 아침밥

➡ _____

핵심문법 2 희망

💡 ～がほしいです ~이/가 갖고 싶습니다

1) ～がほしいです ~이/가 갖고 싶습니다

① 赤いセーターがほしいです。

    빨간 스웨터가 갖고 싶습니다.

② 日本人の友達がほしいです。

    일본인 친구를 갖고 싶습니다.

③ 子供のころ、ロボットがほしかったです。

    어릴 적 로봇을 갖고 싶었습니다.

Tip 「ほしい」는 い형용사와 같은 활용을 한다.

[ほしい(갖고 싶다) 비과거형]

	긍정	부정
보통형	ほしい 갖고 싶다	ほしくない 갖고 싶지 않다
정중형	ほしいです 갖고 싶습니다	ほしくありません 갖고 싶지 않습니다. (ほしくないです)

[ほしい(갖고 싶다) 과거형]

	긍정	부정
보통형	ほしかった 갖고 싶었다	ほしくなかった 갖고 싶지 않았다
정중형	ほしかったです 갖고 싶었습니다	ほしくありませんでした 갖고 싶지 않았습니다 (ほしくなかったです)

2) "갖고 싶은 것"은 「ほしいもの」 라고 한다.

① 今、一番ほしいものはパソコンです。

　지금 가장 갖고 싶은 것은 컴퓨터입니다.

② ほしいものは特にありません。

　갖고 싶은 것은 특별히 없습니다.

3) 3인칭인 경우

・ ~をほしがっています　 ~을 갖고 싶어합니다 /원합니다

① 友達は新しい車をほしがっています。

　친구는 새 차를 갖고 싶어합니다.

② 田中さんはパソコンをほしがっています。

　다나카 씨는 컴퓨터를 갖고 싶어합니다.

・ ~がほしいと言っています ~을 갖고 싶다고 말하고 있습니다.

① 友達は新しい車がほしいと言っています。

　친구는 새 차가 갖고 싶다고 말하고 있습니다.

② 田中さんはパソコンがほしいと言っています。

다나카 씨는 컴퓨터가 갖고 싶다고 말하고 있습니다.

⑤ ～たいです ~하고 싶습니다. (희망)

- 동사 ます형 + たいです

会う	→	会い	ます	＋	たいです	만나고 싶습니다.
読む	→	読み	ます	＋	たいです	읽고 싶습니다.
食べる	→	食べ	ます	＋	たいです	먹고 싶습니다.
する	→	し	ます	＋	たいです	하고 싶습니다.
来る	→	来(き)	ます	＋	たいです	오고 싶습니다.

① 今日は早く帰りたいです。

오늘은 빨리 (집에)돌아가고 싶습니다.

② 髪を短く切りたいです。

머리카락을 짧게 자르고 싶습니다.

③ 夏休みに沖縄に行きたいです。

여름방학에 오키나와에 가고 싶습니다.

④ 海で泳ぎたいです。

바다에서 수영하고 싶습니다.

⑤ 今日はスペイン料理が食べたいです。

오늘은 스페인 요리를 먹고 싶습니다.

⑥ ソウルを案内したいです。

서울을 안내하고 싶습니다.

⑦ 来年は、日本旅行がしたいです。

내년에는 일본 여행을 하고 싶습니다.

1) 상대방에게 물을 때, 손윗사람에게는 사용하지 않는 편이 좋다.

× 部長、何が飲みたいですか。

　부장님, 무엇을 마시고 싶습니까?

○ 部長、何をお飲みになりますか。

　부장님, 무엇을 드시겠습니까?(마시겠습니까?)

2) 타동사의 경우, 목적어에 붙는 조사는 「を」를 「が」로 바꿔서 쓸 수도 있다.

おすしを食べる　→　おすし(を/が)食べたい。

초밥을 먹다　　　　　　초밥을 먹고 싶다.

④ ～たがります ~싶어 합니다.

제3자의 요구나 희망 또는 감정을 나타내는 표현.

- 동사 ます형＋たがります/たがりません

会う	→	会い	ます	＋	たがります	만나고 싶어 합니다
読む	→	読み	ます	＋	たがります	읽고 싶어 합니다
食べる	→	食べ	ます	＋	たがります	먹고 싶어 합니다
する	→	し	ます	＋	たがります	하고 싶어 합니다
来る	→	来(き)	ます	＋	たがります	오고 싶어 합니다

① 犬は一日中、外に出たがります。

　개는 하루 종일 밖에 나가고 싶어 합니다.

② 彼はいつも辛いものを食べたがります。

　그는 언제나 매운 것을 먹고 싶어 합니다.

③ 子供が制服を着たがりません。

　아이가 교복을 입고 싶어 하지 않습니다.

- い형용사い＋がります/がりません
- な형용사＋がります/がりません

| い형용사 | 暑い | → | 暑 | ＋ | がります | 더워합니다 |
| な형용사 | 嫌 | → | 嫌 | ＋ | がります | 싫어합니다 |

① 子供はいつもおかしをほしがります。

아이는 언제나 과자를 원합니다.

② 猫は小屋に入るのを嫌がります。

고양이는 우리에 들어가는 것을 싫어합니다.

作文してみよう！

「～たいです～하고 싶습니다.」을 이용하여 작문해 보세요.

_____

_____

_____

「～たがります～싶어 합니다.」을 이용하여 작문해 보세요.

_____

_____

_____

[문장연습 쓰기노트]　　　　　　　　　　　　　정답 301쪽

다음 문장을 일본어로 써 보세요.

① 따뜻한 음료가 갖고 싶습니다.

단어 温かい 따뜻한, 飲み物 음료

➡ _____

② 지금 갖고 싶은 것은 무엇입니까?

➡ _____

③ 3시까지에는 도착하고 싶습니다.

　단어 ～までには ～까지에는, 着く 도착하다

➡ _____

④ 여동생이 저의 옷을 입고 싶어 합니다.

　단어 妹 여동생

➡ _____

⑤ 아이가 걷고 싶어 하지 않습니다.

　단어 子供 아이, 歩く 걷다

➡ _____

핵심문법 3 목적

⑤ ～に ~하러

・ 동사ます형＋に ＋ 行く
　　　　　　　　　　来る
　　　　　　　　　　帰る

会う	→	会い	ます	＋	に	만나러
読む	→	読み	ます	＋	に	읽으러
食べる	→	食べ	ます	＋	に	먹으러
する	→	し	ます	＋	に	하러

① 友達が日本から遊びに来ます。

친구가 일본에서 놀러 옵니다.

② 空港まで友達を迎えに行きます。

공항까지 친구를 마중하러 갑니다.

③ 仕事の後、一度着替えに帰ります。

일이 끝난 후, 일단 옷을 갈아입으러 돌아갑니다.

④ ～ため(に) ~하기 위해(서)

• 동사 보통형＋ため(に)

会う	→	会う ＋ ため(に)	만나기 위해(서)
読む	→	読む ＋ ため(に)	읽기 위해(서)
食べる	→	食べる ＋ ため(に)	먹기 위해(서)
する	→	する ＋ ため(に)	하기 위해(서)
来る	→	来る ＋ ため(に)	오기 위해(서)

① 試験に合格するために、毎日勉強しています。

시험에 합격하기 위해서 매일 공부하고 있습니다.

② 日本に行くために、お金をためています。

일본에 가기 위해서 돈을 모으고 있습니다.

③ 体力をつけるため、毎日運動しています。

체력을 기르기 위해서 매일 운동하고 있습니다.

＊「～ています」는 습관을 나타냅니다. 「～ています」에 대해서는 10과에서 배웁니다.

• 명사＋のために/のための ~을 위해서/위한

④ 子供のために仕事を休みました。

아이를 위해서 일을 쉬었습니다.

⑤ これは小学生のための本です。

이것은 초등학생을 위한 책입니다.

④ 〜のに ~하는데, 하기에

- 동사 보통형 + のに + かかります 걸립니다.

  　　　　　　　　使います 사용합니다.

  　　　　　　　　必要です 필요합니다.

  　　　　　　　　便利です 편리합니다.

  　　　　　　　　役に立ちます 도움이 됩니다.

会う	→	会う	+ のに	만나기에
読む	→	読む	+ のに	읽기에
食べる	→	食べる	+ のに	먹기에
する	→	する	+ のに	하기에
来る	→	来る	+ のに	오기에

① このひもは、トランクを運ぶのに便利です。

　　이 끈은 트렁크를 옮기기에 편리합니다.

② このはさみは、前髪を切るのに便利です。

　　이 가위는 앞머리를 자르기에 편리합니다.

③ それはビンのふたを開けるのに使います。

　　그것은 병의 뚜껑을 여는데 사용합니다.

④ 子供を塾に送るのに３０分かかります。

　　아이를 학원에 보내는데 30분 걸립니다.

⑤ 会社まで行くのに地下鉄で４０分かかります。

　　회사까지 가는데 지하철로 40분 걸립니다.

- 명사 + に ~에, ~으로

① このカバンは買い物に使っています。

　　이 가방은 쇼핑하는데 사용하고 있습니다.

② このお皿は来客用に使っています。

　　이 접시는 손님용으로 사용하고 있습니다.

③ このカードは通勤（つうきん）に便利（べんり）です。

이 카드는 통근 때 편리합니다.

Tip 「~のには(~하기에는)」만 「~には」로 줄일 수 있다.

① 空港（くうこう）へ行（い）くのには空港（くうこう）バスが便利（べんり）です。

（空港（くうこう）へ行（い）くには空港（くうこう）バスが便利（べんり）です。）

공항에 가기에는 공항 버스가 편리합니다.

② 近所（きんじょ）に出（で）かけるのには自転車（じてんしゃ）が便利（べんり）です。

（近所（きんじょ）に出（で）かけるには自転車（じてんしゃ）が便利（べんり）です。）

근처에 외출하기에는 자전거가 편리합니다.

✏️ 作文（さくぶん）してみよう！ ────────────────○

「~に~하러」을 이용하여 작문해 보세요.

_____

_____

_____

_____

[문장연습 쓰기노트] 정답 301쪽

다음 문장을 일본어로 써 보세요.

① 토요일은 영화를 보러 갑니다.

➡ _____

② 주말은 친척 아이가 놀러 옵니다.
　　단어 親戚（しんせき） 친척

➡ _____

③ 미국에 유학하기 위해서 영어를 공부하고 있습니다.

　　단어 アメリカ 미국, 留学する 유학하다

➡ _____

④ 이 사전은 일본어 문장을 쓰는데 도움이 됩니다.

　　단어 辞書 사전, 文章 문장, 役に立つ 도움이 되다

➡ _____

⑤ 이 의자는 아이용으로 사용하고 있습니다.

　　단어 子供用 아이용

➡ _____

✎ ひと言

「に」と「へ」

　학교에 간다.
　　学校に行く。
　　学校へ行く。

　도서관에 간다.
　　図書館に行く。
　　図書館へ行く。

　하네다 공항에 도착한다.
　　羽田空港に着く。
　　羽田空港へ着く。

「~에」는 일본어로 「に」를 쓰기도 하고 「へ」를 쓰기도 하지만 같은 의미로 쓰인다. 위의 두 문장 모두 **学校/図書館/羽田空港**이 도착점이라는 뜻이다. 엄밀히 말하면 「に」는 **学校/図書館/羽田空港**이 도착점이고, 「へ」는 "**学校/図書館/羽田空港**을 향하여 간다 또는 도착한다"와 같은 방향을 나타내고 있다.

さわった感じ 만졌을 때의 느낌

- つるつる 매끈매끈, 반들반들

お肌がつるつるですね。

피부가 매끈매끈하네요.

- さらさら 보슬보슬, 바슬바슬

海岸の砂がさらさらしていて気持ちよかった。

바닷가의 모래가 바슬바슬해서 기분이 좋았다.

- ぬるぬる 미끈미끈

油をこぼしてぬるぬるしているので気をつけてください。

기름을 엎질러서 미끈미끈하기 때문에 조심하십시오.

- ざらざら 까칠까칠

海で泳いできたので顔がざらざらしている。

바다에서 수영하고 와서 얼굴이 까칠까칠하다.

- ふわふわ 푹신푹신

このソファーふわふわしていて座り心地がいいね。

이 소파 푹신푹신해서 앉은 느낌이 좋네요.

제5장

동사 응용 표현 2
–권유, 요청, 조언, 의무, 불필요, 의뢰–

시작하기

학습 내용

동사 활용 형태를 사용한 권유, 요청, 조언, 의무, 불필요, 의뢰 표현문형.

ます형 문형

• 동사 ます형＋ましょう

• 동사 ます형＋ませんか

• 동사 ます형＋ましょうか

• 동사 ます형＋なさい

ない형 문형

• 동사 ない형＋ない方がいいです

• 동사 ない형＋なくてはいけません/なければいけません

• 동사 ない형＋なくてはなりません/なければなりません

• 동사 ない형＋なくてもいいです/なくてもかまいません

た형 문형

• 동사 た형＋た方がいいです

퀴즈

정답 302쪽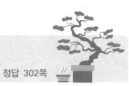

다음 문장을 일본어로 써 보세요.

1. 영화를 보러 가지 않겠습니까?

➡ _____

2. 이 책은 읽는 편이 좋겠어요.

➡ _____

3. 이번 주는 토요일도 출근해야 합니다.

➡ _____

4. 내일은 일찍 오지 않아도 됩니다.

➡ _____

5. 서두르지 않아도 됩니다.

➡ _____

단어

急ぐ (いそ)	[동1] 서두르다
遠足 (えんそく)	소풍
この件 (けん)	이 건
マラソン大会 (たいかい)	마라톤 대회

招待	초대
コピー	복사
直接	직접
繁忙期	성수기
有給休暇	유급 휴가
今夜	오늘 밤
実家	본가, 친정집
授業料を払う	수업료를 내다
荷物	짐
キャンプ	캠프
～以上	～이상
筆記用具	필기용품
字	글씨
返事	답장
昼間	낮 동안
～以降	～이후
迎えに行く	[동1] 마중 나가다
名刺	명함

학습하기

핵심문법 1 권유 및 요청

1 권유

⑤ ～ましょう ~합시다(권유)

적극적으로 권유할 때 사용하는 표현

• 동사 ます형 + ましょう

会う	→	会い	ます	＋	ましょう	만납시다.
読む	→	読み	ます	＋	ましょう	읽읍시다.
食べる	→	食べ	ます	＋	ましょう	먹읍시다.
する	→	し	ます	＋	ましょう	합시다.
来る	→	来(き)	ます	＋	ましょう	옵시다.

① 6時に駅の2番出口で会いましょう。

6시에 역 2번 출구에서 만납시다.

② 月末にみんなで遠足に行きましょう。

월말에 모두 함께 소풍 갑시다.

③ この件に関しては、来週また話しましょう。

이 건에 관해서는, 다음 주에 다시 이야기합시다.

「~ましょう~합시다(권유)」을 이용하여 작문해 보세요.

_____

_____

_____

_____

⑤ ~ませんか ~하지 않겠습니까?(권유)

「~ましょう」보다 상대방을 배려한 권유 표현

• 동사 ます형 + ませんか

会う	→	会い	ます	＋	ませんか	만나지 않겠습니까?
読む	→	読み	ます	＋	ませんか	읽지 않겠습니까?
食べる	→	食べ	ます	＋	ませんか	먹지 않겠습니까?
する	→	し	ます	＋	ませんか	하지 않겠습니까?
来る	→	来(き)	ます	＋	ませんか	오지 않겠습니까?

① マラソン大会に参加しませんか。

마라톤 대회에 참가하지 않겠습니까?

② 週末、映画を観にいきませんか。

주말에 영화를 보러가지 않겠습니까?

③ 家に遊びに来ませんか。

집에 놀러오지 않겠습니까?

「～ませんか～하지 않겠습니까?(권유)」을 이용하여 작문해 보세요.

_____

_____

_____

_____

④ ～ましょうか ~할까요?(권유)

　함께 하는 것에 대해 상대방의 의향을 물어볼 때 사용하는 표현

• 동사 ます형 + ましょうか

会う	→	会い	ます	＋	ましょうか	만날까요?
読む	→	読み	ます	＋	ましょうか	읽을까요?
食べる	→	食べ	ます	＋	ましょうか	먹을까요?
する	→	し	ます	＋	ましょうか	할까요?
来る	→	来(き)	ます	＋	ましょうか	올까요?

① 3時に会いましょうか。

　3시에 만날까요?

② すずきさんも招待しましょうか。

　스즈키씨도 초대할까요?

③ 明日はどこに食べに行きましょうか。

　내일은 어디로 먹으러 갈까요?

「〜ましょうか〜할까요?(권유)」을 이용하여 작문해 보세요.

_____

_____

_____

_____

2 요청

④ 〜ましょうか ~할까요?(요청)

• 동사 **ます**형+**ましょうか**

내가 상대방에게 무엇인가 해주려고 할 때 사용하는 표현. 대답은 의뢰표현을 쓴다.

① **仕事、手伝いましょうか。**

일 도와드릴까요?

② **私がコピーしましょうか。**

제가 복사 할까요?

③ **集まりの案内をメールで送りましょうか。**

모임 안내를 메일로 보낼까요?

④ A：**窓、閉めましょうか。**

창문 닫을까요?

B：**はい、おねがいします。**

네, 부탁합니다.

「～ましょうか～할까요?(요청)」을 이용하여 작문해 보세요.

_____

_____

_____

_____

質問！

Q 「見る」와 「観る」는 어떻게 다르나요?

A 둘 다 '보다' 라는 뜻으로 똑같이 쓰인다. '영화를 보다.'라고 할 때

映画を見る。

映画を観る。

어느 쪽이든 맞다. 하지만, 엄밀히 말하면 「見る」는 사물의 모양이나 색을 눈으로 느끼거나 판단할 때 사용한다.

窓の外を見る 창문 밖을 보다.

テレビを見る TV를 보다.

朝刊を見る 아침 신문을 보다.

見ると聞くとは大違い 보는 것과 듣는 것은 전혀 다르다.

한편, 「観る」는 감상할 때 사용한다.

桜を観に行く 벚꽃을 보러 가다.

芝居を観る 연극을 보러 가다.

즉, 「見る」는 그냥 눈으로 보는 것이고, 「観る」는 감상하는 것이다.

じっくりテレビドラマを観る。

꼼꼼히 TV 드라마를 보다

食事をしながらテレビを見る。

식사를 하면서 TV 를 보다.

[문장연습 쓰기노트]

정답 302쪽

다음 문장을 일본어로 써 보세요.

① 저녁밥을 먹으러 갈까요?

　　단어 夕食（ゆうしょく） 저녁밥

　⇒ _____

② 커피라도 마시러 가지 않겠습니까?

　　단어 ～でも ～라도

　⇒ _____

③ 10시 쯤 출발할까요?

　　단어 ごろ 쯤, 出発（しゅっぱつ）する 출발하다

　⇒ _____

④ 이 책, 빌려줄까요?

　　단어 貸（か）す 빌려주다

　⇒ _____

⑤ 3시에 역 앞에서 만납시다.

　　단어 駅（えき）

　⇒ _____

🔊④ ～た方がいいです ～하는 편이 좋습니다/좋겠어요/좋아요 (조언)

의견을 상대방에게 제안하는 표현. 문장 끝에 지적을 나타내는 「よ」를 쓰는 경우가 많다.

• 동사 た형 + た方がいいです

会う	→	会っ	+	た	方がいいです	만나는 편이 좋겠어요.
読む	→	読ん	+	だ	方がいいです	읽는 편이 좋겠어요.
食べる	→	食べ	+	た	方がいいです	먹는 편이 좋겠어요.
する	→	し	+	た	方がいいです	하는 편이 좋겠어요.
来る	→	来(き)	+	た	方がいいです	오는 편이 좋겠어요.

① 少し休んだ方がいいですよ。

　　조금 쉬는 편이 좋겠어요.

② 田中さんに直接話した方がいいですよ。

　　다나카씨에게 직접 이야기하는 편이 좋겠어요.

③ 明日の集まりは出席した方がいいですよ。

　　내일 모임은 출석하는 편이 좋겠어요.

🔊④ ～ない方(ほう)がいいです ～하지 않는 편이 좋겠습니다. (제안)

• 동사 ない형 + ない方がいいです

会う	→	会わ	+	ない	方がいいです	만나지 않는 편이 좋습니다.
読む	→	読ま	+	ない	方がいいです	읽지 않는 편이 좋습니다.
食べる	→	食べ	+	ない	方がいいです	먹지 않는 편이 좋습니다.
する	→	し	+	ない	方がいいです	하지 않는 편이 좋습니다.
来る	→	来(こ)	+	ない	方がいいです	오 않는 편이 좋습니다.

① お酒はあまり飲まない方がいいですよ。

술은 너무(지나치게) 마시지 않는 편이 좋겠어요.

② これは木村さんに見せない方がいいですよ。

이것은 기무라 씨에게 보여주지 않는 것이 좋겠어요.

③ 繁忙期には有給休暇を取らない方がいいですよ。

성수기에는 유급 휴가를 가지 않는 편이 좋아요.

作文してみよう！ ○

「～方がいいです ～편이 좋겠습니다.」을 이용하여 작문해 보세요.

_____

_____

_____

_____

[문장연습 쓰기노트]
정답 302쪽

다음 문장을 일본어로 써 보세요.

① 조금 더 기다리는 편이 좋겠어요.

　　단어 もう少し 조금 더

➡ _____

② 9시에는 출발하는 것이 좋겠어요.

➡ _____

③ 매운 것을 매일 먹지 않는 편이 좋아요.

➡ _____

④ 아직 얘기하지 않는 게 좋겠어요.
　　단어　まだ 아직

　　➡ _____

⑤무리하지 않는 것이 좋겠어요.
　　단어　無理（むり） 무리

　　➡ _____

핵심문법 3　의무

　"~을 할 필요가 있다.", "~을 할 의무가 있다."라는 뜻을 나타내는 표현에는 다음 4개의 문형이 있다.

　　なくてはいけません
　　なければいけません
　　なくてはなりません
　　なければなりません

　이 4개의 문형은 뜻이 똑같이만, 「**なくてはいけません/なければいけません**」은 개인적인 일에 많이 쓰이는 반면, 「**なくてはなりません/なければなりません**」은 사회 상식적인 일에 많이 쓰이는 경향이 있다.

1　**なくてはいけません/なければいけません**

　💡 ～なくてはいけません ~해야(만) 합니다. (하지 않으면 안 됩니다.)
　💡 ～なければいけません

　의무를 나타낼 때 사용하는 표현

• 동사 **ない**형＋**なくてはいけません/なければいけません**

会う	→	会わ	ない	＋ なくてはいけません なければいけません	만나야(만) 합니다.
読む	→	読ま	ない	＋ なくてはいけません なければいけません	읽어야(만) 합니다.
食べる	→	食べ	ない	＋ なくてはいけません なければいけません	먹어야(만) 합니다.
する	→	し	ない	＋ なくてはいけません なければいけません	해야(만) 합니다.
来る	→	来(こ)	ない	＋ なくてはいけません なければいけません	와야(만) 합니다.

① 明日は朝早く出勤しなくてはいけないので、今夜は早く帰ります。

明日は朝早く出勤しなければいけないので、今夜は早く帰ります。

내일은 아침 일찍 출근해야하기 때문에 오늘 밤은 빨리 돌아갑니다.

② 週末は実家の引っ越しを手伝わなくてはいけないので、忙しいです。

週末は実家の引っ越しを手伝わなければいけないので、忙しいです。

주말에는 본가의 이사를 도와주어야하기 때문에 바쁩니다.

• **い형용사** い**く**＋**なくてはいけません/なければいけません**
• **な형용사**＋**で**＋**なくてはいけません/なければいけません**
• **명사**＋**で**＋**なくてはいけません/なければいけません**

い형용사	大きい	→	大き	く	＋ なくてはいけません なければいけません	커야(만) 합니다.
な형용사	しずか	→	しずか	で	＋ なくてはいけません なければいけません	조용해야(만) 합니다.
명사	朝	→	朝	で	＋ なくてはいけません なければいけません	아침이어야야(만) 합니다.

① 朝早くなくてはいけません。

朝早くなければいけません。

아침 일찍이어야(만) 합니다.

② 交通が便利でなくてはいけません。

交通が便利でなければいけません。

교통이 편리해야(만) 합니다.

③ 学生でなくてはいけません。

学生でなければいけません。

학생이어야(만) 합니다.

2) 회화에서는 「~なきゃいけない」, 「~なくちゃいけない」로 쓴다.

① 早く食べなきゃいけない。

早く食べなくちゃいけない。

빨리 먹어야 해

② もう行かなきゃいけない。

もう行かなくちゃいけない。

이제 가야해

③ もう帰らなきゃいけない。

もう帰らなくちゃいけない。

이제 돌아가야 해

作文してみよう！

「なくてはいけません/なければいけません」을 이용하여 작문해 보세요.

_____

_____

_____

_____

🔟 ～なくてはなりません ~해야(만) 합니다.(하지 않으면 안 됩니다.)

🔟 ～なければなりません

「(なくては/なければ)なりません」는 「~するのは**義務である**(~하는 것은 의무이다.)」라는 의미에 가깝고, 절대적인 구속력 있는 표현이다. 반대로 「(なくては/なければ)いけません」는 「~**するべきである**(~해야 한다.)」는 의미에 가깝고, 또 「~하지 않으면 개인적으로 불이익이 있다」는 식의 상대적인 뉘앙스가 있다.

・동사ない형＋なくてはなりません/なければなりません

会う	→	会わ	ない	＋	なくてはなりません なければなりません	만나야(만) 합니다.
読む	→	読ま	ない	＋	なくてはなりません なければなりません	읽어야(만) 합니다.
食べる	→	食べ	ない	＋	なくてはなりません なければなりません	먹어야(만) 합니다.
する	→	し	ない	＋	なくてはなりません なければなりません	해야(만) 합니다.
来る	→	来(こ)	ない	＋	なくてはなりません なければなりません	와야(만) 합니다.

① 3月に授業料を払わなくてはなりません。

3月に授業料を払わなければなりません。

3월에 수업료를 내야(만) 합니다.

② 休む時は先生に言わなくてはなりません。

休む時は先生に言わなければなりません。

쉴 때는 선생님께 말해야(만) 합니다.

・い형용사いく＋なくてはなりません/なければなりません
・な형용사＋で＋なくてはなりません/なければなりません

• 명사＋で＋なくてはなりません/なければなりません

い형용사	大きい	→	大き	く	＋	なくてはなりません なければなりません	커야(만) 합니다.
な형용사	しずか	→	しずか	で	＋	なくてはなりません なければなりません	조용해야(만) 합니다.
명사	朝	→	朝	で	＋	なくてはなりません なければなりません	아침이어야(만) 합니다.

① 荷物は軽くなくてはなりません。

荷物は軽くなければなりません。

짐은 가벼워야 합니다.

② 食べ物は安全でなくてはなりません。

食べ物は安全でなければなりません。

음식은 안전해야만 합니다.

③ 今回のキャンプは小学生以上でなくてはなりません。

今回のキャンプは小学生以上でなければなりません。

이번 캠프는 초등학생 이상이어야만 합니다.

作文してみよう！ ─────────────────────○

「なくてはなりません/なければなりません」을 이용하여 작문해 보세요.

_____

_____

_____

_____

다음 문장을 괄호 안에 있는 문형을 사용하여 일본어로 써 보세요.

① 이번 시험에서 100점을 맞아야(만) 합니다. (なくてはいけません)

　　단어 試験 시험, 100点 100점

➡ _____

② 내일은 6시에 일어나야(만) 합니다. (なければいけません)

➡ _____

③ 영수증을 가지고 와야 됩니다. (なくてはなりません)

　　단어 レシート 영수증, 持ってくる 가져 오다

➡ _____

④ 안전 벨트를 해야 합니다.(なければなりません)

　　단어 シートベルト 안전 벨트

➡ _____

핵심문법 4 불필요

④ ~なくてもいいです ~하지 않아도 됩니다.(괜찮습니다.)
④ ~なくてもかまいません

그럴 필요가 없을 때 쓰는 표현

• 동사 ない형 + なくてもいいです/なくてもかまいません

| 会う | → | 会わ | ない | + | なくてもいいです
なくてもかまいません | 만나지 않아도 됩니다. |
| 読む | → | 読ま | ない | + | なくてもいいです
なくてもかまいません | 읽지 않아도 됩니다. |

				なくてもいいです なくてもかまいません	
食べる	→	食べ	ない +	なくてもいいです なくてもかまいません	먹지 않아도 됩니다.
する	→	し	ない +	なくてもいいです なくてもかまいません	하지 않아도 됩니다.
来る	→	来(こ)	ない +	なくてもいいです なくてもかまいません	오지 않아도 됩니다.

① 住所は書かなくてもいいです。

주소는 쓰지 않아도 됩니다.

② 明日の会議は出席しなくてもいいですよ。

내일 회의는 출석하지 않아도 괜찮아요.

③ 筆記用具は持ってこなくてもいいです。

필기용품은 가지고 오지 않아도 괜찮습니다.

- い형용사い＋く＋なくてもいいです/なくてもかまいません
- な형용사＋で＋なくてもいいです/なくてもかまいません
- 명사＋で＋なくてもいいです/なくてもかまいません

い형용사	大きい	→ 大き	く ＋	なくてもいいです なくてもかまいません	크지 않아도 됩니다.
な형용사	しずか	→ しずか	で ＋	なくてもいいです なくてもかまいません	조용하지 않아도 됩니다.
명사	朝	→ 朝	で ＋	なくてもいいです なくてもかまいません	아침이 아니어도 됩니다.

① 駅から近くなくてもいいです。

역에서 가깝지 않아도 됩니다.

② 字は上手でなくてもいいです。

글씨는 잘 쓰지 않아도 괜찮습니다.

③ 返事は今日でなくてもいいです。

답장은 오늘이 아니어도 괜찮습니다.

Tip 「~なくてもかまいませんか」는 그렇게 하지 않아도 괜찮은지 묻는 표현입니다.

例) 昼間^{ひるま}でなくてもかまいませんか。夕方^{ゆうがた}6時以降^{いこう}でもいいですか。

낮이 아니라도 상관없습니까? 저녁 6시 이후라도 괜찮습니까?

✎ 作文してみよう！

「なくてもいいです／なくてもかまいません」을 이용하여 작문해 보세요.

_____

_____

_____

_____

✋ 質問！

Q 조사 で, に, へ 3개가 너무 헷갈립니다.

A 앞에 장소가 올 경우에 で, に, へ에 차이에 대해서 설명하겠다.

日本で
日本に
日本へ

먼저, 「(장소)で」는 뒤에 여러 동작이 올 수 있다.

食堂^{しょくどう}で食べる。 식당에서 먹다.
図書館で勉強する。 도서관에서 공부하다.
家で休む。 집에서 쉬다.

「(장소)へ／に」는 뒤에 <u>이동을 나타내는</u> 동사가 온다.

東京へ行く 가다 / **来る** 오다 / **向^むかう** 향하다 / **着く** 도착하다

東京に行く 가다 / 来る 오다 / 向かう 향하다 / 着く 도착하다

이 때 「(장소)へ, に」는 같은 의미로 쓰인다.

[문장연습 쓰기노트]   정답 302쪽

다음 문장을 괄호 안에 있는 문형을 사용하여 일본어로 써 보세요.

① 한국어는 못해도 괜찮습니다. (なくてもいいです)

➡ _____

② 방은 넓지 않아도 됩니다. (なくてもいいです)
　단어 部屋 방

➡ _____

③ 교통이 편리하지 않아도 괜찮습니다. (なくてもいいです)
　단어 交通 교통

➡ _____

④ 장소는 학교가 아니어도 괜찮습니다. (なくてもいいです)
　단어 場所 장소

➡ _____

⑤ 공항까지 마중 나가지 않아도 상관없습니까? (なくてもかまいません)
　단어 迎えに行く 마중 나가다

➡ _____

④ **～なさい** ~하시오. ~하거라(명령)

부모가 아이에게, 윗사람이 아랫사람에게 지시할 때 사용하는 표현.

• 동사 **ます**형＋**なさい**

会^あう	→	会い	ます	＋	なさい	만나시오
読^よむ	→	読み	ます	＋	なさい	읽으시오
食^たべる	→	食べ	ます	＋	なさい	먹으시오
する	→	し	ます	＋	なさい	하시오
来^くる	→	来(き)	ます	＋	なさい	오시오

① ちょっと待^まちなさい。

　잠깐 기다리세요.

② 早^{はや}く寝^ねなさい。

　빨리 자거라.

③ 手紙^{てがみ}を見せなさい。

　편지를 보여줘(봐).

作文してみよう！

「**～なさい** ～하시오. ～하거라(명령)」을 이용하여 작문해 보세요.

_____

_____

_____

_____

다음 문장을 일본어로 써 보세요.

① 잠깐 방으로 오시오.

　　단어 ちょっと 잠깐

　➡ _____

② 제대로 인사 하시오.

　　단어 ちゃんと 제대로, あいさつ 인사

　➡ _____

③ 조금 쉬시오.

　➡ _____

④ 마지막까지 힘내시오.

　　단어 最後 마지막, がんばる 힘내다, 노력하다
　　　　　さいご

　➡ _____

핵심문법 6 의뢰

💡 ～をください ~을 (해)주십시오.
💡 ～をくれませんか ~를 (해)주시지 않겠습니까?
💡 ～をいただけませんか ~를 (해)주실 수 있을까요?

상대에게 부탁할 때 사용하는 표현

• 명사＋を＋ください/くれませんか/いただけませんか

「ください」→「くれませんか」→「いただけませんか」 순으로 정중한 표현이 된다.

① (식당에서) お水(を)ください。

물 주세요

② 明日、電話をくれませんか。

내일, 전화해주시지 않겠습니까?

③ 名刺をいただけませんか。

명함을 주실 수 있을까요?

Tip 그 외 의뢰 표현은 9과 「て형」에서 학습한다.

⑤ ～てください・～てくれませんか ~해 주세요.~해주시지 않겠습니까?

⑤ ～ないでください・～ないでくれませんか ~하지 말아 주세요. ~하지 말아 주시지 않겠습니까?

✏ **作文してみよう！** ──────────────○

「명사＋を＋ください/くれませんか/いただけませんか」을 이용하여 작문해 보세요.

_____

_____

_____

_____

[문장연습 쓰기노트]　　　　　　　　　　　　　　　　정답 302쪽

다음 문장을 일본어로 써 보세요.

① 증명사진을 한 장, 서류와 함께 주십시오.

단어 証明写真 증명사진, 書類 서류, 一緒に 함께

➡ _____

② 팜플렛을 주지 않겠습니까?

　　단어 パンフレット 팜플렛

　➡ _____

③ 연락처 좀 주시겠어요?

　　단어 連絡先(れんらくさき) 연락처

　➡ _____

④한 장 더 주실 수 있을까요?

　　단어 もう一枚(いちまい) 한 장 더

　➡ _____

✏ ひと言 ─────────────────────────────

「더」 와 「もう」

「한 장 더」, 「조금 더」 는 「もう一枚(いちまい)」, 「もう少(すこ)し」라고 한다.

　　○ もう一枚 いただけませんか 한 장 더 주실 수 있을까요?
　　× 一枚もう　いただけませんか。

　　○ もう少し 待ってください。 조금 더 기다려 주세요.
　　× 少しもう待ってください。

▌ はなす 이야기하다

- きっぱり 딱 잘라, 단호하게

  きっぱり断った。

  딱 잘라 거절했다.

- すらすら 막힘없이 원활히 진행되는 모양 : 술술; 줄줄; 척척; 거침없이

  日本語の文章をすらすら読めますか。

  일본어 문장을 술술 읽을 수 있습니까?

- ぺらぺら 술술, 유창한, 외국어를 잘 하는 모양

  彼は日本語がぺらぺらです。

  그는 일본어를 잘 합니다.

- はきはき 시원시원, 뚜렷뚜렷

  先生の質問に彼女ははきはきと答えた。

  선생님의 질문에 그녀는 시원시원하게 대답했다.

▌ わらう 웃다

- くすくす 낄낄, 킥킥(소리 죽여 웃는 모양)

  女の子たちがドアの後ろでくすくす笑っていた。

  여자아이들이 문 뒤에서 킥킥 웃고 있었다.

- にこにこ 싱글벙글

  彼はいつもにこにこしている。

  그는 언제나 싱글벙글 웃고 있다.

제6장

명사, 형용사, 동사 총정리

시작하기

❖ 학습 내용

한국인학습자가 자주 틀리는 오용 예문을 통해서 명사, 형용사, 동사의 성질을
확인하고, 올바른 일본어 문장을 만들어 보자.

퀴즈

정답 303쪽

다음 오용례를 바르게 고쳐보세요.

1. ✕ 今日はとても楽しいな日でした。

　　오늘은 굉장히 즐거운 날이었습니다.

➡ _____

2. × 日本はとてもきれいなでした。

일본은 굉장히 깨끗했습니다.

➡ _____

3. × 彼の日本語は下手くないですよ。

그는 일본어를 못하지 않아요. (그의 일본어 실력은 서툴지 않아요.)

➡ _____

4. × 具合が悪いの人がいました。

아픈 사람이 있었습니다.

➡ _____

5. × 去年は、雪が降りらなかった。

작년에는 눈이 오지 않았다.

➡ _____

6. × 明日、友達が遊びに来るです。

내일 친구가 놀러 옵니다.

➡ _____

단어

建物	건물
ドライブ	드라이브
まんが	만화
おどろく	[동1] 놀라다

しゅみ	취미
写真を撮る	사진을 찍다
思い出す	[동1] 생각나다
題名	제목
違う	[동1] 다르다, 틀리다
字	글씨
もう一度	다시 한 번
新鮮	[な형] 신선하다
そうめん	소면
細い	[い형] 가늘다
やさしい	[い형] 자상하다
前の方	앞쪽
道	길

학습하기

핵심문법 1 명사와 동사

1 명사와 동사의 문법적인 성질 차이 ① 정중형

🖐 やってみよう! ─────────────

Q 어디가 틀렸나요?

　　× **きれいな 建物**(たてもの)**が あるです。**

　　　예쁜 건물이 있습니다.

A ○ **きれいな 建物**(たてもの)**が あります。**

명사와 동사의 정중형

	명사	동사
정중형	「です」를 붙인다.	「ます」를 붙인다.
	예) **韓国人**です。	예) **行き**ます。
	한국인입니다.	갑니다.

[문장연습 쓰기노트] 정답 303쪽

다음 문장을 정중형으로 바꿔 봅시다.

> 예) **サッカー** 축구
>
> ➡ ＿＿＿**サッカーです。**＿＿＿＿＿ 축구입니다.

① 旅行する 여행하다

　➡ _____ 여행합니다.

② 日本 일본

　➡ _____ 일본입니다.

③ 見る 보다

　➡ _____ 봅니다.

④ 映画 영화

　➡ _____ 영화입니다.

② 명사와 동사의 문법적인 성질 차이 ② 격조사 「が」「に」「を」

✋ **やってみよう!**

Q 어디가 틀렸나요?

　×私は　サッカーを　見るが　好きです。

　나는 축구를 보는 것을 좋아합니다.

A ○私は　サッカーを　見るのが　好きです。

　명사는 「が」「に」「を」 등 격조사(格助詞)를 바로 뒤에 붙일 수 있다. 한편, 동사는 뒤에 격조사를 붙이기 위해서 명사화(名詞化)시킬 필요가 있다.

	명사	동사
격조사	바로 붙일 수 있다.	명사화 시켜야 한다.
	예) 旅行が	예) 行く<u>の</u>が
		行く<u>こと</u>が
	여행이	가는 것이

① 旅行が好きです。

여행을 좋아합니다.

② 旅行に行くのが好きです。

旅行に行くことが好きです。

여행 가는 것을 좋아합니다.

정답 303쪽

[문장연습 쓰기노트]

다음 문장을 「〜が好きです。(〜을 좋아합니다)」로 이어봅시다.(종속표현)

① 旅行に行く　여행을 가다

➡ _____

② ドライブする　드라이브하다

➡ _____

③ 日本のまんがを読む　일본 만화를 읽다

➡ _____

3　うめこみ表現 (종속 표현)

　구(句)나 문장에 「こと」나 「の」를 붙여 「명사화(名詞化)」를 시키면 문장 속에 종속 절로 사용할 수 있다. 아래 문장의 밑줄 부분이 「こと」「の」로 명사화시킨 종속표현(**うめこみ表現**)이다.

① 私は、いろいろな国を旅行することが好きです。

나는 여러 나라를 여행하는 것을 좋아합니다.

② 夏の京都が暑いのは有名です。

여름의 교토가 더운 것은 유명합니다.

⑤ ～こと/の ~것

- 동사 보통형＋こと/の
- い형용사＋こと/の
- な형용사＋な＋こと/の

① 写真を撮る{こと/の}が私のしゅみです。

사진을 찍는 것이 나의 취미입니다.

② 家が駅から近い{こと/の}は便利です。

집이 역에서 가까운 것은 편리합니다.

③ キムさんがとても日本語が上手な{こと/の}におどろきました。

김씨가 굉장히 일본어를 잘하는 것에 놀랐습니다.

Tip 뒤에 「です、だ、である」가 올 경우에는 「こと」밖에 쓸 수 없다.

○ 私のしゅみは写真を撮ることです。

나의 취미는 사진을 찍는 것입니다.

× 私のしゅみは写真を撮るのです。

나의 취미는 사진을 찍는 것입니다.

- 명사＋な＋の
- 명사＋である＋こと

＊ 명사는 「の」와 「こと」에 따라 접속형식이 다르므로 주의.

① 今日は山田さんの誕生日なのを思い出した。

今日は山田さんの誕生日であることを思い出した。

오늘은 야마다씨의 생일인 것이 생각났다.

② 図書館が毎週月曜日に休みなのを知らなかった。

図書館が毎週月曜日に休みであることを知らなかった。

도서관이 매주 월요일 휴일인 것을 몰랐다.

다음 ( ) 안에 적다안 말을 넣어서 문장을 완성시켜 보세요.

① 大切なのは、相手の話をよく聞く(　　　　　　　　)です。

중요한 것은 상대방의 이야기를 잘 들어주는 것입니다.

> 단어 大切 중요하다, 소중하다, 相手 상대방

➡ _____

② 何よりも健康(　　　　　　　　)が一番大切です。

무엇보다도 건강한 것이 가장 중요합니다.

> 단어 何よりも 무엇보다도, 健康 건강

➡ _____

핵심문법 2 동사와 い형용사

1 동사와 い형용사의 문법적 성질의 차이 ① 정중형

🖐 やってみよう! ─────────

Q 어디가 틀렸나요?

　×私は、日本語が　少し　できるです。

　　나는 일본어를 조금 할 수 있습니다.

A ○私は、日本語が　少し　できます。

	명사	동사
	できる	おもしろい
	할 수 있다	재미있다
정중형	「ます」를 붙인다.	「です」를 붙인다.
	예) でき**ます**。	예) おもしろい**です**。
	할 수 있습니다.	재미있습니다.

2 동사와 い형용사의 문법적 성질의 차이 ② 과거형

✋ やってみよう! ─────────────

Q 어디가 틀렸나요?

　1) × 今年の夏は、とても　暑いだった。

　　　올해 여름은 굉장히 더웠다.

　2) × 本の　題名が　違かった。
　　　　だいめい　ちが

　　　책 제목이 달랐다.

A　1) ○今年の夏は、とても　暑かった。

　2) ○本の　題名　違った。
　　　　　だいめい　ちが

	동사	い형용사
	違う ちが	暑い
	다르다, 틀리다	덥다
과거형	「ます」를 붙인다.	「です」를 붙인다.
	예) 違った。 　　ちが	예) 暑かった。
	달랐다, 틀렸다	더웠다
	違いました。 ちが	暑かったです。
	달랐습니다, 틀렸습니다.	더웠습니다.

다음 문장을 일본어로 써 보세요.

① 여름 방학 계획을 세웠습니다.

    단어 夏休み 여름 방학, 計画を立てる 계획을 세우다

    ➡ _____

② 자물쇠를 잠궜나요?

    단어 かぎをかける 자물쇠를 잠그다

    ➡ _____

③ 오늘은 상태가(컨디션이) 좋았습니다.

    단어 調子がいい 상태가(컨디션이) 좋다

    ➡ _____

④ 그날은 잠깐 볼일이 있어요.

    단어 用事 볼일, 용건, 용무

    ➡ _____

⑤ 어제는 목욕을 하지 않았습니다.

    단어 お風呂に入る 목욕을 하다

    ➡ _____

핵심문법 3 い형용사와 な형용사

✋ やってみよう!

Q 어디가 틀렸나요?

    1) ✕ これは　おもしろいな　本です。

        이것은 재미있는 책입니다.

2) ×字が　きれいくないので、もう一度　書きます。

글씨가 예쁘지 않아서 다시 한 번 씁니다.

3) ×この　時計は　あまり　高くじゃない。

이 시계는 그다지 비싸지 않다.

A 1) ×これは　おもしろいな　本です。

○これは　おもしろい　本です。

2) ×字(じ)が　きれいくないので、もう一度　書きます。

○字(じ)が　きれいじゃないので、もう一度　書きます。

3) ×この　時計は　あまり　高くじゃない。

○この　時計は　あまり　高くない。

---

1 い형용사와 な형용사의 문법적 성질의 차이 ① 명사 수식

い형용사	な형용사
おもしろい本	きれいな部屋
재미있는 책	깨끗한 방

Tip 명사를 대신하는 「の(것)」를 수식할 때도 같다.

い형용사	な형용사
おもしろいのが一番だ。	きれいなのが一番だ。
재미있는 것이 제일이다.	깨끗한 것이 제일이다.

① コーヒーは新鮮なコーヒーが一番だ。

커피는 신선한 커피가 제일이다.

コーヒーは新鮮なのが一番だ。

커피는 신선한 것이 제일이다.

② そうめんは細いそうめんがおいしい。

소면은 가는 소면이 맛있다.

そうめんは細いのがおいしい。

소면은 가는 것이 맛있다.

2 い형용사와 な형용사의 문법적 성질의 차이 ② 술어

그대로 술어로 쓸 수 있는지 없는지 차이가 있다.

い형용사	な형용사
さむい	きれい
그대로 술어로 쓸 수 있다.	「だ」를 붙여야 한다.
さむい 춥다.	きれいだ 깨끗하다

3 い형용사와 な형용사의 문법적 성질의 차이 ③ 부정형

부정형 형태가 다르다.

い형용사	な형용사
さむい	きれい
さむくない 춥지 않다.	きれいではない 깨끗하지 않다.
さむくありません 춥지 않습니다.	きれいではありません 깨끗하지 않습니다.

4 い형용사와 な형용사의 문법적 성질의 차이 ④ 과거형

과거형 형태가 다르다.

긍정형

い형용사	な형용사
さむい	きれい
さむかった 추웠다.	きれいだった 깨끗했다.
さむかったです 추웠습니다.	きれいでした 깨끗했습니다.

부정형

い형용사	な형용사
さむい	きれい
さむくなかった 춥지 않았다.	きれいではなかった 깨끗하지 않았다.
さむくなかったです 춥지 않았습니다.	きれいではありませんでした 깨끗하지 않았습니다.

[문장연습 쓰기노트] 정답 303쪽

다음 문장을 바르게 고쳐보세요.

① × やさしいの人が好きです。

자상한 사람을 좋아합니다.

➡ _____

② × 目がいいじゃないので、前の方に座ります。

눈이 좋지 않아서, 앞쪽에 앉겠습니다.

➡ _____

③ × ホテルの部屋が広いかったです。

호텔 방이 넓었습니다.

➡ _____

④ × 交通が便利くなかったので、大変だったです。

교통이 편리하지 않았기 때문에 힘들었습니다.

➡ _____

⑤ × 道がとてもきれいかったです。

길이 굉장히 깨끗했습니다.

➡ _____

な형용사와 명사

✋ やってみよう! ―――――――――――――――――――――――――――――――

Q 어디가 틀렸나요?

1) × 弟は　緑な　服が　好きです。
   <ruby>緑<rt>みどり</rt></ruby>

   남동생은 녹색 옷을 좋아합니다.

2) × 最近、　病気な　人が　多いです。
   <ruby>病気<rt>びょうき</rt></ruby>　　　　　<ruby>多<rt>おお</rt></ruby>

   최근, 병든 사람이 많습니다.

A 1) ○弟は　　緑色の　服が　好きです
      <ruby>緑色<rt>みどりいろ</rt></ruby>

   2) ○最近、　病気の　人が　多いです。
      <ruby>病気<rt>びょうき</rt></ruby>　　<ruby>多<rt>おお</rt></ruby>

な형용사와 명사의 문법적 성질의 차이 ① 명사를 수식할 때

な형용사	명사
「な」를 넣는다	「の」를 넣는다
元気な人	病気の人
건강한 사람	병든 사람

다음 (　　)에 적절한 말을 넣어 보세요.

① しずか(　　　)人　조용한 사람

➡ _____

② げんき(　　　)人　건강한 사람

➡ _____

③ ゆうめい(　　　)人　유명한 사람

➡ _____

④ びょうき(　　　)人　병든 사람

➡ _____

⑤ まじめ(　　　)人　성실한 사람

➡ _____

⑥ かぜ(　　)人　감기 걸린 사람

➡ _____

オノマトペ
의성어 의태어

ひかり 빛

- きらきら 반짝반짝、ㄱ
星がきらきらと光っている。
별이 반짝반짝 빛나고 있다.

- ぴかぴか 번쩍번쩍
トイレをぴかぴかにそうじした。
화장실을 번쩍번쩍하게 청소했다.

量(りょう) 양

- ぎっしり 빽빽이, 꽉, 가득찬 모양
箱に缶詰がぎっしりつまっている。
상자안에 통조림이 빽빽이 차 있다.

- ぎゅうぎゅう 꽉꽉, 꾹꾹, 빈틈없이 눌러 담는 모양
今朝の通勤電車はぎゅうぎゅうだった。
오늘 아침 통근 전철은 만원이었다.

- がらがら 텅텅
映画館に行ったら、がらがらに空いていた。
영화관에 갔더니 텅텅 비어있었다.

- ずらり(と) 잇달아 늘어선 모양, 쭉
ワインがずらりと並んでいる。
와인이 쭉 늘어서 있다.

- たっぷり 듬뿍, 잔뜩
はちみつをたっぷりかけてください。
벌꿀을 잔뜩 뿌려 주세요.

제7장

복습 1

시작하기

● 학습 내용
　1-6과에서 배운 내용 복습.

단어

<ruby>味<rt>あじ</rt></ruby>	맛
<ruby>濃<rt>こ</rt></ruby>い	[い형] 진하다
<ruby>真面目<rt>まじめ</rt></ruby>	[な형] 성실하다
<ruby>野菜<rt>やさい</rt></ruby>	야채

薄く ^{うす}	얇게
詳しい ^{くわ}	[い형] 자세하다
十分 ^{じゅうぶん}	[な형] 충분하다
暖かい ^{あたた}	[い형] 따뜻하다
学生のころ ^{がくせい}	학생 시절
以前 ^{いぜん}	이전에
昔 ^{むかし}	옛날에
散歩 ^{さんぽ}	산책
買い物 ^か ^{もの}	쇼핑
迎えに行く ^{むか} ^い	마중 나가다
迎えに来る ^{むか} ^く	마중 오다
かかる	[동1] 걸리다
雨が降る ^{あめ} ^ふ	비가 내리다
電話が鳴る ^{でんわ} ^な	전화가 울리다
元気が出る ^{げんき} ^で	힘이 나다
かぎをかける	열쇠를 잠그다
謝る ^{あやま}	[동1] 사과하다
明るい ^{あか}	[い형] 밝다
戻る ^{もど}	[동1] 돌아가다
漢字 ^{かんじ}	한자
きちんと	확실히
しっかり	든든히, 듬뿍(잔뜩), 똑똑히
山に登る ^{やま} ^{のぼ}	산에 오르다

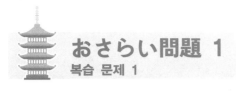

おさらい問題 1
복습 문제 1

Ⅰ. 1, 2, 3과 복습

다음 한국어 문장을 일본어로 바꾸시오.

① 어제는 11시에 잤다.

　➡ _____

② 저번 주는 바빴습니다.

　➡ _____

③ 어제는 다나카 씨를 만나지 않았습니다.

　➡ _____

④ 내일 학교에 오나요?

　➡ _____

⑤ 김 씨는 일본어를 굉장히 잘합니다.

　➡ _____

⑥ 학교에 이번 주는 갑니다만, 다음 주는 가지 않습니다.

　➡ _____

Ⅱ. 4, 5과 복습

다음 한국어 문장을 일본어로 바꾸시오.

① 새로운 차가 갖고 싶습니다.

　➡ _____

② 여름방학에는 일본을 여행하고 싶습니다.

　　단어　**夏休み** 여름방학

　➡ _____

③ 선생님께 인사하러 가지 않겠습니까?

　　단어　**あいさつ** 인사

　➡ _____

④ 한자는 외워야만 합니다.

　　단어　**漢字** 한자

　➡ _____

⑤ 아침부터 비가 내렸다 그쳤다 합니다.

　　단어　**雨が止む** 비가 그치다

　➡ _____

⑥ 일본에서 온천에 들어가거나 초밥을 먹거나 했습니다.

　　단어　**温泉** 온천

　➡ _____

[JLPT N4 문장연습 쓰기노트]　　　　　　　　　　　　　　정답 304쪽

Ⅰ. 1, 2, 3과 복습

다음 한국어 문장을 일본어로 바꾸시오.

① 오늘은 어제보다 몸 상태가 좋습니다.

　➡ _____

② 화요일보다 수요일 쪽이 상황이 좋습니다.

　➡ _____

③ 봉지는 큰 것과 작은 것 중 어느 쪽이 좋습니까?

　　단어　**袋** 봉지　**大きいの** 큰 것　**小さいの** 작은 것

　➡ _____

④ 엄마는 아빠만큼 엄하지 않습니다.

　➡ _____

⑤ 일본요리 중에서 무엇을 가장 좋아합니까?

　➡ _____

Ⅱ. 4, 5과 복습

다음 한국어 문장을 일본어로 바꾸시오.

① 아이는 언제나 과자를 원합니다.

　　단어 おかし 과자

　➡ _____

②그는 언제나 혼자가 되고 싶어 합니다.

　　단어 一人になる 혼자가 되다

　➡ _____

③ 이전에 교토의 여관에서 묵은 적이 있습니다.

　　단어 以前 이전에

　➡ _____

④ 내일은 오지 않아도 됩니다.

　➡ _____

⑤ 제가 서울을 안내 할까요?

　➡ _____

⑥ 시험은 어려웠다가 쉬웠다가 합니다.

　➡ _____

⑦ 다나카 씨는 왔다가 안 왔다가 합니다.

　➡ _____

Ⅲ. 단답형 문제

다음 ( )안에 적당한 동사를 쓰고 문장을 완성하시오.

① 毎朝コーヒーを(　　　　　)。

매일 아침 커피를 마십니다.

➡ _____

② 休みの日は家でゆっくり(　　　　　)。

쉬는 날은 집에서 느긋하게 쉽니다.

➡ _____

③ 毎晩10時から12時まで日本語の勉強を(　　　　　)。

매일 밤 10시부터 12시까지 일본어 공부를 합니다.

➡ _____

④ 毎月本を一冊(　　　　　)。

매월 책을 한 권 읽습니다.

➡ _____

⑤ 朝はパンを(　　　　　)。

아침은 빵을 먹습니다.

➡ _____

おさらい問題 2
복습 문제 2

[객관식 문제]

정답 305쪽

1. 형용사가 적절하게 활용된 것을 하나 고르시오.
   ① 熱いコーヒーがほしいです。
   ② 昨日は寒いな日でした。
   ③ 気分がいくないです。
   ④ 味が少し濃いでした。

2. 형용사가 적절하게 활용된 것을 하나 고르시오.
   ① 今日はひまなです。
   ② 彼は真面目な人です。
   ③ 仕事が大変なです。
   ④ 交通が不便なです。

3. 형용사가 적절하게 활용된 것을 하나 고르시오.
   ① 野菜を薄くに切ります。
   ② もう少し詳しいに説明します。
   ③ キムさんは日本語を上手に話します。
   ④ 昨日は十分な休みました。

4. 형용사가 적절하게 활용된 것을 하나 고르시오.
   ① 今年のソウルは寒いでした。
   ② 今日は体調がいいでした。
   ③ 今日は暖かいでした。
   ④ 今日は気分が良くありません。

5. 문장이 가장 적절한 것을 하나 고르시오.
   ① 学生のころ、東京に行ったことがあります。

② 以前、東京に行くことがあります。

③ 昔、東京に行かないことがあります。

④ 子供のころ、東京に行きましたことがあります。

6. 문장이 가장 적절한 것을 하나 고르시오.

① 新しいパソコンはほしいじゃない。

② 新しいパソコンがほしいです。

③ 新しいパソコンがほしいかったです。

④ 新しいパソコンはほしくじゃないです。

7. 문장이 가장 적절한 것을 하나 고르시오.

① 日曜日は本を読んだり、音楽をききたりしました。

② 日曜日は友達に会いたり、散歩をしたりしました。

③ 日曜日は子供と遊びたり、ドライブに行ったりしました。

④ 日曜日は買い物をしたり、映画をみたりしました。

8. 문장이 가장 적절한 것을 하나 고르시오.

① 友達に会いに行きました。

② 公園に遊べに行きました。

③ 夕食を食べりに来ました。

④ 子供を迎えりに来ました。

9. 문장이 가장 적절한 것을 하나 고르시오.

① 会社に行ったのに電車で50分かかります。

② 会社に行くのに電車で50分かかります。

③ 会社に行くに電車で50分かかります。

④ 会社に行くことに電車で50分かかります。

10. 문장이 가장 적절한 것을 하나 고르시오.

① 雨が降りましょうか。

② 電話が鳴りましょうか。

③ 写真をとりましょうか。

④ 元気が出ましょうか。

11. 문장이 가장 적절한 것을 하나 고르시오.
　① 私がコピーしませんか。
　② 家まで私が迎えに行きませんか。
　③ 私が手伝いませんか。
　④ 週末ドライブに行きませんか。

12. 문장이 가장 적절한 것을 하나 고르시오.
　① かぎをかけった方がいいですよ。
　② 早く謝った方がいいですよ。
　③ たばこは吸いない方がいいですよ。
　④ 早く起こった方がいいですよ。

13. 문장이 가장 적절한 것을 하나 고르시오.
　① 1時までに着かないなければいけません。
　② 部屋が明るいでなければいけません。
　③ 会社に戻らなければいけません。
　④ 交通が便利なでなければいけません。

14. 문장이 가장 적절한 것을 하나 고르시오.
　① 漢字は覚えらなくてもいいです。
　② 急ぎなくてもいいです。
　③ 簡単なでなくてもいいです。
　④ 新しくなくてもいいです。

15. 문장이 가장 적절한 것을 하나 고르시오.
　① 電気を消しなさい。
　② きちんと話さなさい。
　③ しっかり食べらなさい。
　④ ドアを閉めりなさい。

16. 문장이 가장 적절한 것을 하나 고르시오.
　① 私のしゅみはドライブをするのです。
　② 映画をみるのが好きです。

③ 計画を立てるが大切です。

④ ピアノをひくが私のしゅみです。

17. 문장이 가장 적절한 것을 하나 고르시오.
① 友達に会うために、来週東京へ行きます。
② 友達に会ったために、来週東京へ行きます。
③ 友達に会うのために、来週東京へ行きます。
④ 友達に会うための、来週東京へ行きます。

おさらい問題 3
복습 문제 3

1. 다음 문장을 읽고 질문에 대답하시오. 대답으로 제일 적절한 것을 하나 고르시오.

田中さんがパクさんに手紙を書きました。

> パクさんへ
>
> 今週は、仕事がたくさんあります。
>
> 土曜日と日曜日も忙しいです。
>
> 来週の月曜日が一番都合がいいです。

질문 : 田中さんは、いつ時間がありますか。
① 今週　　　　　　　　　　② 土曜日
③ 日曜日　　　　　　　　　④ 来週の月曜日

2. 다음 문장을 읽고 질문에 대답하시오. 대답으로 제일 적절한 것을 하나 고르시오.

> キムさんの家は、町の中の便利な所にあります。
>
> 家のとなりにレストランがあります。家の前にはラーメン屋とコーヒーショップ
> があります。近くにスーパーもあります。
>
> 今日の夕方、キムさんの友達が遊びに来ます。キムさんが料理をします。
> キムさんは、これからスーパーへ買い物に出かけます。

질문: キムさんは今日どこへ行きますか。
① レストラン　　　　　　　②ラーメン屋
③ コーヒーショップ　　　　④ スーパー

3. 다음 (a), (b), (c), (d)를 올바른 표현으로 고치시오.

わたしの一日

毎朝、6時に起きます。

朝は簡単に食べます。

たまに食べないこともあります。

7時に家を出ます。

会社まで地下鉄で40分(a かかれます)。

8時に仕事が終わります。

家に9時ごろ着きます。

夜はおふろに(b 入りたり)、ドラマをみたりします。

寝る前に、日本語の勉強を2時間くらいします。

休みの日は、授業を(c ききたり)、日本のドラマをみたりします。

天気のいい日は、山に登ったり、自転車に(d 乗りたりします)。

私たちは、毎日の生活の中で、たくさんのごみを出します。また、ごみにも、燃やせるごみや燃やせないゴミ、缶やペットボトルなどのように資源となるごみなど、様々な種類があります。

今、私たちの周りでは、ごみを少しでも減らそうと、様々な取り組みが行われています。

例えば、買い物をした時に袋をもらわなかったり、使えるものは捨てずに何回も使ったり、ごみをきちんと種類別に分けたりすることです。これだけでも、ごみを減らすことができるのです。

大切なのは、私たち一人一人が、ごみのことを真剣に考え、減らすためにできることから始めることなのです。

(中村英純「くらしとごみ」より)

단어			
ごみ 쓰레기		燃やす 태우다	
缶 캔		ペットボトル 페트병	
様々 여러 가지		周り 주변	
減らす 줄이다		取り組み 노력	
行う 행하다		袋 봉지	
捨てる 버리다		種類別に 종류별로	
分ける 나누다		真剣 진지하다	
考える 생각하다		始める 시작하다	

제8장

동사의 시제(時制)

시작하기

⚙ 학습 내용

일본어 동사의 과거형, 현재형, 미래형에 대해서 학습한다.

학습하기

「시제(**時制**)」란 발화(**発話**) 시점과의 시간적 전후관계를 말한다.

飲む　　→　　飲んでいる　→　飲んだ
마신다　→　마시고 있다　→　마셨다
(미래)　　　　(현재)　　　　(과거)

　동사의 시제는 **た**형(**た**로 끝나는 것)과 **る**형(**た**형 이외)으로 나눌 수 있다. 동사의 **た**형은 과거를 나타낸다.

　① 昨日、学校に行きました。

　　　어제 학교에 갔습니다.

　② 田中さんは学校にいました。

　　　다나카씨는 학교에 있었습니다.

　한편, 동사의 **る**형은 동사 종류에 따라 시제가 달라진다. 동작(**動作**)이나 사건을 나타내는 동사(계속동사, 순간동사)는 미래를 나타내고, 상태(**状態**)를 나타내는 동사는 현재를 나타낸다.

① 동작이나 사건을 나타내는 동사

1) **る**형은 미래를 나타낸다.

　① 今、学校に行きます。

　　　지금 학교에 갑니다. (아직 집에 있다.) ← 미래

2) 계속동사

* 계속동사의 경우, 현재를 나타내기 위해서는 동사를 **ている**형태로 만들어야 한다.

계속동사 : る형(미래) → ている형(현재) → た형 (과거)

② 今、学校に行っています。

지금 학교에 가고 있습니다. (집을 나왔다.) ← 현재

③ 息子はもう学校に行きました。

아들은 벌써 학교에 갔습니다. ← 과거

Tip ☆ 동작(動作) 동사의 る형은 「毎朝、新聞を読みます。(매일 아침 신문을 읽습니다.)」처럼 「よく(자주)」「いつも(언제나)」「毎日(매일)」등과 함께 〈현재의 습관〉을 나타낸다.

☆ 동작(動作) 동사의 る형은 「春になると、花が咲きます。(봄이 되면 꽃이 핍니다.)」처럼 자연현상 등의 〈진리〉를 나타낸다.

3) 순간동사

* 순간동사 : る형(미래)→ た형(현재)→ている형 (과거)

① これから映画が始まります。

이제 영화가 시작합니다. ← 미래

② 今、映画が始まりました。

지금 영화가 시작했습니다. ← 현재

③ もう映画が始まっています。

벌써 영화가 시작되었습니다. ← 과거(상태의 지속)

(동작동사와 순간동사의 시제는 제13장 참고)

---

2 상태를 나타내는 동사

1) る형은 현재를 나타낸다.

2) 상태(존재, 소유, 사고, 능력 등)를 나타내는 동사

ある(있다), いる(있다), 要る(필요하다), できる(할 수 있다), 思う(생각하다), 分かる(이해하

다), 気がする(기분이 들다), 気になる(신경 쓰이다, 걱정이 되다), 音がする(소리가 나다) 등

① 日本語ができます。

일본어를 할 수 있습니다.

② 日本語が分かります。

일본어를 압니다.

③ 友達がいます。

친구가 있습니다.

④ 公園があります。

공원이 있습니다.

⑤ おもしろいと思います。

재미있다고 생각합니다.

3) 상태를 나타내는 동사의 た형은 과거를, る형은 현재를 나타내지만, 문맥에 따라 미래
도 나타낼 수 있다.

る형(미래)→　る형(현재)→た형 (과거)

⑥ ランチメニューは１１時以降に注文できます。

런치 메뉴는 11시 이후에 주문할 수 있습니다.(る형) ← 미래

⑦ 明日は授業があるので、教室に学生がたくさんいます。

내일은 수업이 있기 때문에 교실에 학생이 많이 있을 것입니다. (る형) ← 미래

⑧ 教室に学生がたくさんいます。

교실에 학생이 많이 있습니다. (る형) ← 현재

⑨ 教室に学生がたくさんいました。

교실에 학생이 많이 있었습니다. (た형) ← 과거

Tip 상태를 나타내는 동사 외에 형용사나 명사+だ의 상태술어(상태를 나타내는 동사, 형
용사, 명사+だ)는 る형이 현재와 미래를 나타낼 수 있다.

① 人が多いですね。 사람이 많네요 ←현재

② 週末はたぶん人が多いですよ。 주말은 아마 사람이 많을 거에요 ←미래

③ 今日は暑いですね。 오늘은 덥네요 ←현재

④ 明日は暑いです。 내일은 덥겠습니다. ←미래

제9장

조사(助詞) 1

 시작하기

🌸 **학습 내용**

　격조사(格助詞) ‒ が、を、に、へ、で、と、から、より、まで‒에 대해서 배운다.

　　격조사(格助詞)는 주로 명사에 붙어서 술어와의 의미관계를 제시한다. 「が」와 「を」
는 술어에 따라 여러 가지 의미를 나타내고, 그 외 격조사는 앞에 오는 명사에 따라
의미가 달라진다. 일본어와 한국어의 격조사는 대부분이 일치하지만 기능이 조금씩
다르다.

🌸 **학습 목표**

　일본어 격조사의 각 기능을 알아보고 한국어와 다른 점을 정리한다.

퀴즈

정답 308쪽

다음 문장을 일본어로 써 보세요.

1. 커피를 좋아합니다.　　　　　　　　　　　**단어** 커피 コーヒー

　➡ _____

2. 커피를 싫어합니다.

　➡ _____

3. 바귀벌레가 무섭습니다.　　　　　　　　　**단어** 바퀴벌레 ごきぶり

　➡ _____

4. 물을 마시고 싶습니다.　　　　　　　　　**단어** 물 水^{みず}

　➡ _____

5. 일본어를 할 수 있습니다.

　➡ _____

단어

空^{そら}	하늘
青^{あお}い	[い형] 푸르다, 파랗다
猫^{ねこ}	고양이
ストーリー	스토리, 이야기

ふるさと	고향
なつかしい	[い형] 그립다
悲しい	[い형] 슬프다
十字路	사거리, 네거리
横断歩道を渡る	횡단보도를 건너다
こっち	이쪽
拍手	박수
話しかける	[동2] 말을 걸다
隣の人	옆사람, 이웃
さいふ	지갑
変わる	[동1] 변하다
昨晩	어젯밤, 간밤
和紙	일본 종이
箱	상자
風邪	감기
治る	[동1] 낫다
相談する	[동3] 상담하다, 의논하다
麦	보리
ロビー	로비, 담화용 홀
船	배
気づく	[동1] 알아차리다
従う	[동1] 따르다
暮らす	[동1] 살다

留学する りゅうがく	[동3] 유학하다
式 しき	식
クラス	클래스, 반
班 はん	반
登山 とざん	등산
話し合う はな あ	[동1] 서로 이야기하다、이야기를 나누다

학습하기

핵심문법 1 격조사(格助詞) ― が、を、に、へ、で、と、から、より、まで

---

1 「が」

술어에 대한 주어를 나타낸다.

① 田中さんが手紙を読みました。

다나카 씨가 편지를 읽었습니다.

② 空が青いです。

하늘이 파랗습니다.

③ すずきさんが一番です。

스즈키 씨가 일등입니다.

「が」로 표현하는 경우는 다음과 같다.

1) 존재하는 것

Nが あります

　　 います

(N이 있습니다.)

① 机の上に新聞があります。

책상 위에 신문이 있습니다.

② いすの下に猫がいます。

의자 밑에 고양이가 있습니다.

2) 감정이 가는 대상

N**が** **好きです** (N을 좋아합니다.)
　　　　きらいです (N을 싫어합니다.)
　　　　こわいです(N이 무섭습니다.)
　　　　悲しいです(N이 슬픕니다.) 등

① **コーヒーが** <u>**好きです**</u>。

　　커피를 좋아합니다.

② **コーヒーが** <u>**きらいです**</u>。

　　커피를 싫어합니다.

③ **ごきぶりがこわいです**。

　　바퀴벌레가 무섭습니다.

④ **ストーリーが悲しいです**。

　　이야기가 슬픕니다.

⑤ **ふるさとがなつかしいです**。

　　고향이 그립습니다.

3) 희망하는 동작의 대상

N**が** **ほしいです** (N을 갖고 싶습니다.)
　　　　V**たいです** (N을 V하고 싶습니다.)

① **コンピューターがほしいです**。

　　컴퓨터를 갖고 싶습니다.

② **水が飲みたいです**。

　　물을 마시고 싶습니다.

4) 능력이나 지각(知覚)을 나타내는 동작의 대상

[대상(対象)]＋**が** **分かる** (알다)
　　　　　　　できる (할 수 있다)
　　　　　　　見える (보이다)
　　　　　　　聞こえる (들리다)

① 日本語が<u>分かる</u>。

日본어를 안다.

② 日本語が<u>できる</u>。

일본어를 할 수 있다.

③ 海が<u>見える</u>。

바다가 보인다.

🌸 Point 한국어와 다른 「が」

다음 단어 앞에는 「を」가 아닌 「が」를 쓴다.

Nが 好きです	N을 좋아합니다.
Nが きらいです	N을 싫어합니다.
Nが ほしいです	N을 갖고 싶습니다.
Nが Vたいです	N을 V하고 싶습니다.
Nが 分かる	N을 알다.
Nが できる	N을 할 수 있다.

---

2 「を」

타동사가 나타내는 동작의 대상(→「NをVます」,「NにNをVます」)를 나타낸다.

대상에 변화를 주어 영향을 강하게 미치는 동작의 대상

[대상(**対象**)] ＋を 作る (만들다)
　　　　　　　　食べる (먹다)
　　　　　　　　割る (깨다)
　　　　　　　　殺す (죽이다)
　　　　　　　　書く (쓰다)

「を」로 표현하는 경우는 다음과 같다.

1) 동작, 작용하는 대상

コーヒーを飲む。　　커피를 마시다.

2) 이동의 출발점, 통과점, 경로, 멀어지는 대상, 동작의 방향을 나타낸다.

① 출발점

8時に家を出る。

8시에 집을 나서다.

② 통과점

十字路を左にまがる。

사거리에서 좌회전하다.

③ 경로

毎日この道を通る。

매일 이 길을 지나간다.

④ 통과하는 장소

横断歩道を渡る。

횡단보도를 건너다.

⑤ 멀어지는 대상

電車を降りる。

전차에서 내리다.

⑥ 동작의 방향

こっちを向く。

이쪽을 향하다.

3) 출발점을 나타내는 용법의 확장으로서 이탈하는 조직 등을 나타내기도 한다.

① 大学を卒業します。

대학을 졸업 합니다.

② 学校を休みます。

학교를 쉽니다.

4) 경로를 나타내는 용법의 확장으로서 계속하는 기간이나 상황을 나타내기도 한다.

① 楽しい一日を過ごしました。

즐거운 하루를 보냈습니다.

② 雨の中を走りました。

빗속을 달렸습니다.

③ 拍手の中を歩きました。

박수를 받으며 걸었습니다.

3 「に」

「に」는 여러 가지 기능이 있다.

1) 동작, 작용의 대상

~に触る (~를 만지다)

~に会う (~를 만나다)

~に気づく (~를 알아차리다)

~に乗る (~를 타다)

~に似る (~를 닮다)

~に勝つ (~에게 이기다)

~に負ける (~에게 지다)

~に賛成する (~에 찬성하다)

~に反対する (~에 반대하다)

~に従う (~를 따르다)

~に参加する (~에 참가하다)

① 友達に会う。

친구를 만나다.

② 電車に乗る。

전차를 타다

③ 姉は母に似ている。

언니(누나)는 엄마를 닮았다.

✿ Point 한국어와 다른 「に」

다음 단어 앞에는 「を」가 아닌 「に」를 쓴다.

〜に会う(〜를 만나다)

〜に気づく (〜를 알아차리다)

〜に乗る(〜를 타다)

〜に似る(〜를 닮다)

〜に従う(〜를 따르다)

---

2) 받는 사람

~に話しかける ~에게 말을 걸다

~にあげる ~에게 주다

① 隣の人に話しかける。

옆 사람에게 말을 걸다.

② 彼にプレゼントをあげる。

그에게 선물을 주다.

3) 존재 장소

~にある ~에 (물건이) 있다

~にいる ~에 (사람, 동물이) 있다

① 新聞は机の上にあります。

신문은 책상 위에 있습니다.

② 田中さんは家にいる。

다나카씨는 집에 있다.

4) 도착 지점

~に 行く ~에 가다

来る ~에오다

着く ~에 도착하다

到着する ~에 도착하다

達する ~에 도달하다

入れる ~에 넣다

① 空港に着く。

공항에 도착하다.

② さいふをかばんに入れる。

지갑을 가방에 넣다.

5) 변화 결과

~に変わる ~로 변하다

青(あお)に変わる。

파랑으로 변하다.

6) 출처

~に もらう　~에게 받다

聞く ~에게 묻다

① 兄に時計をもらう。

형에게 시계를 받다.

② その話は田中さんに聞いた。

그 이야기는 다나카 씨에세 들었다.

7) 시간

~に　起きる (~에 일어나다)

寝る (~에 자다)

① 昨晩、10時に寝た。

어젯밤 10시에 잤다.

② 今朝、6時に起きた。

오늘 아침 6시에 일어났다.

* 「に」와 다른 조사(助詞)와의 구분에 관해서는 제10장 '같은 의미 용법을 갖는 격조사의 구분'을 참고.

4 「へ」

「へ」로 표현하는 경우는 다음과 같다.

1) 도착점

空港へ着く。

공항에 도착하다.

(= 空港に着く。와 같은 의미.)

2) 방향

ソウルへ向かう。

서울로 향하다.

5 「で」

「で」로 표현하는 경우는 다음과 같다.

1) 동작을 행하는 장소

食堂で食べる。

식당에서 먹다.

2) 재료

和紙で箱を作る。

일본종이로 상자를 만들다.

3) 수단·도구

電車で行く。

전차로 가다.

4) 원인·이유

風邪で休む。

감기 때문에 쉬다.

5) 한정

一週間で治る。

일주일이면 낫는다.

6) 묶음

10本で1000円。

10자루에 1000엔

---

6 「と」

동작을 공동으로 행하는 상대를 나타낸다.

~と相談する ~와 상담하다

~と戦う ~와 싸우다

~とけんかする ~와 다투다

~と友達になる ~와 친구가 되다

~と話し合う ~와 이야기를 나누다

~と結婚する ~와 결혼하다

~と離婚する ~와 이혼하다

① 親と相談して決めた。

부모님과 상의해서 결정했다.

② 日本人と友達になる。

일본인과 친구가 되다.

③ 友達と旅行する。

친구와 여행하다.

「から」로 표현하는 경우는 다음과 같다.

1) 기점(起点) <장소>

家から会社まで1時間かかる。

집에서 회사까지 1시간 걸린다.

2) 기점(起点) <시간>

12時から1時まで昼休みです。

12시부터 1시까지 점심시간입니다.

3) 기점(起点) <사람>

チケットを田中さんからもらった。

표를 다나카 씨로 부터 받았다.

4) 재료

ビールは麦から作られる。

맥주는 보리로 만들어진다.

8 「より」

비교 대상을 나타낸다.

りんごよりみかんが好きだ。

사과보다 귤을 좋아한다.

9 「まで」

「まで」로 표현하는 경우는 다음과 같다.

1) 도착점＜장소＞

駅から家まで歩いて10分です。

역에서 집까지 걸어서 10분입니다.

2) 도착점＜시간＞

朝から晩まで働く。

아침부터 밤까지 일한다.

[문장연습 쓰기노트]　　　　　　　　　　　　　　　　　　정답 308쪽

다음 (　) 안에 조사를 넣고 문장을 완성하시오.

① **彼は私(　　　　)日本語ができます。**

그는 나보다 일본어를 잘합니다.

➡ _____

② **インターネット(　　　)検索します。**

인터넷으로 검색합니다.

➡ _____

③ 船(　　)福岡(　　)行きます。

배로 후쿠오카에 갑니다.

➡ _____

④ 空港(　　)ホテル(　　)バス(　　)15分くらいかかります。

공항에서 호텔까지 버스로 15분정도 걸립니다.

➡ _____

⑤ ホテルのロビー(　　)会いましょう。

호텔 로비에서 만납시다.

➡ _____

한국어와 다른 격조사 1

1 「를」과「を」/「に」

다음 동사 앞에는 「を」가 아닌 「に」를 쓴다.

~に会う(~를 만나다)

~に気づく (~를 알아차리다)

~に乗る (~를 타다)

~に似る (~를 닮다)

~に従う (~를 따르다)

① 友達(ともだち){×を/○に}会(あ)いました。

친구를 만났습니다.

(「~に会う」는 「~と会う」도 가능. 3.3참고.)

② 弟は、母親{×を/○に}とても似ている。

남동생은 어머니와 굉장히 닮았다.

③ さいふがないこと{×を/○に}気づいた。

지갑이 없는 것을 알아차렸다.

④ バス{×を/○に}乗って来ました。

버스를 타고 왔습니다.

Tip 「を」는 대상에 동작이 강하게 영향을 미치는 동사에 붙는다. 하지만 그 인식은 각 언어에 따라 다르고 명백한 기준은 없다.

2 「에서」와 「で」/「に」

1) 「で」는 동작이 일어나는 장소를 나타낸다.

장소를 나타내는 「에서」를 모두 「で」로 바꾸면 안 된다.

① ソウル {×で/○に} 住む。서울에서 살다.

② ソウル {○で/×に} 暮らす。서울에서 지내다.

③ ソウル {○で/×に} 生活する。서울에서 생활하다.

❀ Point 혼동하기 쉬운 동사

[장소]に住む　～에서 살다

[장소]で暮らす　～에서 지내다

[장소]で生活する　～에서 생활하다

[장소]に留学する　～에 유학하다

[장소]に～を置く　～에 ～를 놓다

다음 문장을 일본어로 써 보세요.

① 친구를 만나러 갔습니다.

　➡ _____

② 에리 씨는 어머니와 닮았습니다.

　➡ _____

③ 저도 그의 의견에 찬성입니다.
　　단어 意見(いけん) 의견, 賛成(さんせい) 찬성

　➡ _____

④ 규정을 따릅니다.
　　단어 規定(きてい) 규정, 従(したが)う 따르다

　➡ _____

⑤ 저는 서울에서 살고 있습니다.

　➡ _____

핵심문법 3 한국어와 다른 격조사 2

1 틀리기 쉬운 「で」

1) 한정을 나타내는 「で」

① 式(しき)は1時間 {○で/×に} 終(お)わる。

식은 1시간 만에 끝난다.

② 一日{○で/×に}読(よ)む。

하루 만에 읽는다.

2) 묶음을 나타내는 「で」

みんなで 다함께

クラスで 학급으로, 반으로

班で 반으로
_{はん}

グループで 그룹으로

一人で 혼자서
_{ひとり}

二人で 둘이서
_{ふたり}

家族で 가족끼리
_{かぞく}

① **みんな**で**話し合う**。
_{はな} _あ

　　다함께 이야기를 나누다.

② **家族**で**旅行に行く**。
_{かぞく}

　　가족끼리 여행을 가다.

「를」과 「を」/「が」

다음 단어 앞에는 「**を**」가 아닌 「**が**」를 쓴다.

Nが**好き** N을 좋아하다

Nが**きらい** N을 싫어하다

Nが**ほしい** N을 갖고 싶다

NがV**たい** N을 ~하고 싶다

Nが**分かる** N을 알다

Nが**できる** N을 할 수 있다

① **登山**{×を/○が}**好きです**。
_{とざん} _す

　　등산을 좋아합니다.

② **マラソン**{×を/○が}**きらいです**。

　　마라톤을 싫어합니다.

③ 新しい自転車{×を/○が}ほしいです。

새 자전거를 갖고 싶습니다.

④ 日本のドラマ{×を/○が}見たいです。

일본 드라마를 보고 싶습니다.

⑤ 中国語{×を/○が}分(わ)かります。

중국어를 압니다.

⑥ 中国語{×を/○が}できます。

중국어를 할 수 있습니다.

[문장연습 쓰기노트]   정답 308쪽

다음 문장을 일본어로 써 보세요.

① 오사카를 하루 만에 돌았습니다.

　　단어 大阪 오사카, まわる 돌다

　⇒ _____

② 그룹으로 이야기를 나눕시다.

　　단어 グループ 그룹, 話し合う 이야기를 나누다

　⇒ _____

③ 저는 일본 드라마를 좋아합니다.

　⇒ _____

④ 일본에서 초밥을 먹고 싶습니다.

　　단어 おすし 초밥

　⇒ _____

⑤ 남동생은 독일어를 할 수 있습니다.

　　단어 ドイツ語 독일어

　⇒ _____

✏️ ひと言

「お」와 「ご」

일반적으로 **和語**^{わご}에는 「お」가 붙고, **漢語**^{かんご}에는 「ご」가 붙는 경향이 있다.

和語	漢語	뜻
お考え <small>かんが</small>	ご意見 <small>いけん</small>	생각
お名前 <small>なまえ</small>	ご氏名 <small>しめい</small>	이름
お招き <small>まね</small>	ご招待 <small>しょうたい</small>	초대

○ 和語(やまとことば)…「お」가 붙는다.

　:お金<small>かね</small>、お米<small>こめ</small>、お餅<small>もち</small>

○ 漢語(漢字の音読みのことば)…「ご」가 붙는 것이 많다.

　:ご親切<small>しんせつ</small>、ご出演<small>しゅつえん</small>

○ 外来語…일반적으로 「お」도 「ご」도 붙지 않는다.

단, 漢語에 경우, 「お」가 붙는 것도 꽤 있다. 다음 漢語에는 「お」가 붙는다.

お食事<small>しょくじ</small> , お料理<small>りょうり</small> , お洗濯<small>せんたく</small>, お電話<small>でんわ</small>, お掃除<small>そうじ</small>, お勉強<small>べんきょう</small> , お稽古<small>けいこ</small>, お中元<small>ちゅうげん</small> , お歳暮<small>せいぼ</small>

「お」가 붙는 漢語는 위와 같이 일상생활에서 자주 쓰는 언어가 많다.

- どんどん　착착, 척척, 자꾸자꾸, 자꾸, 계속, 부쩍, 척척
  どんどん食べてください。
  더 (많이) 먹으세요.

- だんだん 점점, 차차
  だんだん寒くなってきました。
  점점 추워졌습니다.

- ぐちゃぐちゃ 엉망진창, 지저분하고 정리가 안 된 모양
  部屋の中がぐちゃぐちゃでした。
  방안이 엉망진창이었습니다.

- めちゃくちゃ 정리되지 않고 혼란스러운 모양, 뒤죽박죽, 엉망(진창), 형편없음,
  마구 하는 모양
  めちゃくちゃ書いてあって理解できなかった。
  뒤죽박죽 쓰여 있어서 이해할 수 없었다.

「に」의 의미 용법 중 <u>내용이나 상태를 나타내는 기능</u>도 있다. 이것은「~として」와 같은 뜻이다.

① 卒業のお祝いに時計をもらった。

　졸업 축하로 시계를 받았다.

　= 卒業のお祝いとして時計をもらった。

② 誕生日プレゼントに花束をあげました。

　생일 선물로 꽃다발을 주었습니다.

　= 誕生日プレゼントとして花束をあげました。

③ ごほうびに1万円をもらいました。

　포상으로 1만엔을 받았습니다.

　=ごほうびとして1万円をもらいました。

④ いつも朝ごはんにパンを食べます。

　언제나 아침밥으로 빵을 먹습니다.

　=いつも朝ごはんとしてパンを食べます。

MEMO

제10장

조사(助詞) 2

시작하기

🌸 학습 내용

'한국어와 다른 일본어 조사', '같은 의미 용법을 갖는 격조사의 구분', 'とりたて조사'
에 대해서 학습한다.

🌸 학습 목표

일본어 격조사의 각 기능을 알아보고 한국어와 다른 점을 정리한다.

퀴즈

정답 308쪽

다음 문장을 일본어로 써 보세요.

1. 다나카 씨는 일만 하고 있습니다.　　　　　　단어 **仕事** 일

　➡ _____

2. 오늘은 사무실에 6시까지 있습니다. 事務室 사무실

   ➡ _____

3. 최근 비가 자주 내립니다.

   ➡ _____

4. 작년에는 도쿄에 10번이나 갔습니다. 단어 回 ~번

   ➡ _____

5. 어젯밤에 친구와 영화를 봤습니다.

   ➡ _____

![탑 아이콘] 단어

仕事	일
事務室	사무실
東京	도쿄(동경)
生まれる	[동2] 태어나다
始まる	[동1] 시작하다
運動	운동
花火大会	불꽃놀이
パーティ	파티
提出する	[동3] 제출하다
終わらせる	[동2] 끝내다

準備 じゅんび	준비
福岡 ふくおか	후쿠오카
露天風呂 ろてんぶろ	노천탕
ロビー	로비
成田空港 なりたくうこう	나리타 공항
息子 むすこ	아들
健康 けんこう	건강
川沿い かわぞ	강가, 냇가
銀行前 ぎんこうまえ	은행 앞
横断歩道 おうだんほどう	횡단보도
渡る わた	[동1] 건너다
春 はる	봄
教室 きょうしつ	교실
宿題 しゅくだい	숙제
食堂 しょくどう	식당
お昼 ひる	점심
テスト勉強 べんきょう	시험 공부
娘 むすめ	딸
コンビニ	편의점
休暇 きゅうか	휴가
お子さん こ	자제분, 자녀분
普段 ふだん	평소

핵심문법 1 한국어와 다른 일본어 조사

1 「(시간)に」와 「(시간)Ø」

'今日(きょう)、来週、毎日'와 같은 시간명사는 부사(副詞)로 쓰인다. 여기에 「に(격조사로서 때를 가리킴. ~에)」가 붙는지 붙지 않는지에 대해서 알아보자.

> ① 3時に 会いましょう。
>
> 　　3시에 만납시다.
>
> ② 来年、卒業します。
> 　らいねん　　そつぎょう
>
> 　　내년에 졸업합니다.

1) 「に」가 붙는 경우

때를 한정할 수 있는 것.

시각, 일자, 요일, 월, 년 등, 시계나 달력에서 객관적으로 지정하기 쉬운 것.
2020年, 1月, 8日, 12時, 江戸時代 등.
　　　　　　ようか　　　えどじだい

　① 2019年に 入学しました。

　　　2019년에 입학했습니다.

　② 2005年3月に 生まれました。
　　　　　　　　　う

　　　2005년3월에 태어났습니다.

　③ 毎週土曜日の2時に 授業が 始まります。

　　　매주 토요일 2시에 수업이 시작됩니다.

2) 「に」가 붙지 않은 경우

때를 한정할 수 없는 것.

<u>'지금'을 기준으로 한 상대적인 시간을 나타내는 경우.</u>

明日(내일), あさって(모레), 昨日(어제), おととい(그저께), 来年(내년), 今(지금), 今朝(けさ)
(오늘아침), 今晩(こんばん)(오늘밤), 昨晩(さくばん)(어젯밤), 最近(さいきん)(최근), このごろ(요즘), さっき(방금), 長い
時間(긴 시간) 등.

① あさって友達と会います。
   (×あさってに)
   모레 친구와 만납니다.
② 最近(さいきん)、運動(うんどう)を始(はじ)めました。
   (×最近(さいきん)に)
   최근 운동을 시작했습니다.
③ 昨晩(さくばん)、花火大会(はなびたいかい)がありました。
   (×昨晩(さくばん)に)
   어젯밤에 불꽃놀이가 있었습니다.

2 「まで」와「までに」

1)「まで」

계속되는 상태나 동작을 나타내는 동사와 호응하며, 기간을 구별하기 위해 사용된다.

① ○ 学校に1時までいます。
   × 学校に1時までにいます。
   학교에 1시까지 있습니다.
② ○ 明日の朝は9時まで寝ます。
   × 明日の朝は9時までに寝ます。
   내일 아침은 9시까지 잡니다.

③ ○ 仕事は火曜日まで休みます。

   × 仕事は火曜日までに休みます。

     일은 화요일까지 쉽니다.

④ ○ パーティは何時まで続くのかな。

   × パーティは何時までに続くのかな。

     파티는 몇 시까지 이어질까?

2)「までに」

동작주체가 의도적으로 동작을 완료시키는 경우의 기한·마감을 제시한다.

① ○ レポートは、明日までに提出してください。

   × レポートは、明日まで提出してください。

     리포트는 내일까지 제출해주세요.

② ○ 明日までには終わらせます。

   × 明日までは終わらせます。

     내일까지는 끝내겠습니다.

③ ○ 1時までに食事を準備しておいてください。

   × 1時まで食事を準備しておいてください。

     1시까지 식사를 준비 해 두세요.

[문장연습 쓰기노트] 정답 309쪽

다음 문장을 일본어로 써 보세요.

① 아침에는 빵을 먹습니다.

  ➡ _____

② 후쿠오카에 저녁 4시에 도착했습니다. 밤에는 노천탕에 들어갔습니다.

  ➡ _____

③ 오늘 아침 메일을 보냈습니다.

➡ _____

④ 작년에 회화 수업을 들었습니다.

➡ _____

⑤ 로비에 11시까지 와 주세요.

➡ _____

핵심문법 2 같은 의미 용법을 갖는 격조사의 구분

1 [(출발점・통과점)を]와 [(도착점)に]

① 今朝、7時に家を出ました。

오늘 아침 7시에 집을 나왔습니다.

② 家に帰ったら、手を洗いましょう。

집에 돌아가면 손을 씻읍시다.

③ 公園を散歩しませんか。

공원을 산책하지 않겠습니까?

④ 公園に散歩しに行きませんか。

공원에 산책하러 가지 않겠습니까?

[장소]を/に + 이동을 나타내는 동사

1) [장소]가 출발점(기점)과 통과점을 나타내는 경우 「を」를 쓴다.

[출발점(기점)]を + 出る　나가다

　　　　　　　 去る　떠나다

出発<ruby>出<rt>しゅっ</rt></ruby><ruby>発<rt>ぱつ</rt></ruby>する 출발하다

<ruby>卒<rt>そつ</rt></ruby><ruby>業<rt>ぎょう</rt></ruby>する 졸업하다

<ruby>離<rt>はな</rt></ruby>れる 헤어지다

① 10時に<ruby>成<rt>な</rt></ruby><ruby>田<rt>りた</rt></ruby><ruby>空<rt>くう</rt></ruby><ruby>港<rt>こう</rt></ruby>を<ruby>出<rt>しゅっ</rt></ruby><ruby>発<rt>ぱつ</rt></ruby>しました。

    10시에 나리타공항을 출발했습니다.

② <ruby>息<rt>むす</rt></ruby><ruby>子<rt>こ</rt></ruby>は去年、高校を<ruby>卒<rt>そつ</rt></ruby><ruby>業<rt>ぎょう</rt></ruby>しました。

    아들은 작년 고등학교를 졸업했습니다.

[통과점]を + <ruby>歩<rt>ある</rt></ruby>く(걷다)

    <ruby>走<rt>はし</rt></ruby>る 달리다

    <ruby>横<rt>よこ</rt></ruby><ruby>切<rt>ぎ</rt></ruby>る 가로지르다

    <ruby>通<rt>とお</rt></ruby>る 통과하다

    <ruby>飛<rt>と</rt></ruby>ぶ 날다

    <ruby>渡<rt>わた</rt></ruby>る 건너다

    <ruby>散<rt>さん</rt></ruby><ruby>歩<rt>ぽ</rt></ruby>する 산책하다

① <ruby>毎<rt>まい</rt></ruby><ruby>朝<rt>あさ</rt></ruby>、<ruby>健<rt>けん</rt></ruby><ruby>康<rt>こう</rt></ruby>のために<ruby>川<rt>かわ</rt></ruby><ruby>沿<rt>ぞ</rt></ruby>いを<ruby>走<rt>はし</rt></ruby>っています。

    매일 건강을 위해서 강가를 달리고 있습니다. (* 습관을 나타내는 「ている」)

② <ruby>銀<rt>ぎん</rt></ruby><ruby>行<rt>こう</rt></ruby><ruby>前<rt>まえ</rt></ruby>の<ruby>横<rt>おう</rt></ruby><ruby>断<rt>だん</rt></ruby><ruby>歩<rt>ほ</rt></ruby><ruby>道<rt>どう</rt></ruby>を<ruby>渡<rt>わた</rt></ruby>ります。

    은행 앞의 횡단보도를 건넙니다.

2) [장소]가 도착점을 나타내는 경우 「に」를 쓴다.

[도착점]に + 行く(가다)

    来る 오다

    <ruby>着<rt>つ</rt></ruby>く 도착하다

    <ruby>到<rt>とう</rt></ruby><ruby>着<rt>ちゃく</rt></ruby>する 도착하다

    <ruby>入<rt>はい</rt></ruby>る 들어가다

帰る 돌아가다, 돌아오다

戻る 돌아오다

出る 나가다

至る 이르다

達する 도달하다

入学する 입학하다

① 夜7時ごろ、家に帰ります。

밤 7시쯤, 집에 돌아갑니다.

② 今年の春、大学に入学しました。

올해 봄 대학에 입학했습니다.

「(장소)に」와 「(장소)で」

① 田中さんは、教室にいます。

다나카 씨는 교실에 있습니다.

② 教室で宿題をしました。

교실에서 숙제를 했습니다.

1) 「に」 …존재나 이동을 나타내는 경우

• 존재를 나타내는 동사

　ある(있다<사물>), いる(있다<생물>), 住む(살다) 등

• 이동을 나타내는 동사

　(자동사)行く(가다), 来る(오다)

　(타동사)置く(두다), 捨てる(버리다), 送る(보내다) 등

① 教室にコンピューターがあります。

교실에 컴퓨터가 있습니다.

② ソウルに住んでいます。

서울에 살고 있습니다. (* 상태를 나타내는 「ている」)

③ 今日、学校に行きます。

오늘 학교에 갑니다.

2) 「で」 …동작이나 사건 등을 나타내는 경우

• 존재·이동 외 동사:
飲む(마시다), 書く(쓰다), 話す(이야기하다) 등

① 学校の食堂でお昼を食べました。

학교 식당에서 점심을 먹었습니다.

② 教室でテスト勉強をします。

교실에서 시험공부를 합니다.

Tip 「起きる(일어나다)」나 「行われる(행하다)'」의 의미로 사용되는 「ある」의 경우—地震
がある(지진이 나다), 試験がある(시험이 있다), 祭りがある(축제가 있다), 交通事故
がある(교통사고가 나다)—는 「で」를 쓴다.

① 409号室で試験があります。

409호실에서 시험이 있습니다.

② 駅前の交差点で交通事故がありました。

역 앞 교차로에서 교통사고가 났습니다.

「(사람)と」와 「(사람)に」

① 友達と会います。
친구와 만납니다.
② 友達に会います。
친구를 만납니다.

1) 「と」 (「に」를 사용할 수 없는 경우)

• 상대방과 <u>함께</u> 하는 동작

話<ruby>し<rt>はな</rt></ruby>合<ruby>う<rt>あ</rt></ruby> 이야기를 나누다   けんかする 다투다

結婚<ruby>する<rt>けっこん</rt></ruby> 결혼하다   愛し合う 사랑하다

離婚<ruby>する<rt>りこん</rt></ruby> 이혼하다)

① 来年の春、彼と結婚します。

 내년 봄 그와 결혼합니다.

② 昨日、友達とけんかしました。

 어제 친구와 다투었습니다.

2) 「に」 (「と」를 쓸 수 없는 경우)

• 상대방에게 <u>일방적으로</u> 하는 동작

ほれる 반하다   話しかける 말을 걸다

あげる 주다   教える 가르치다

• 상대방으로부터 <u>일방적으로</u> 받는 동작

もらう 받다   教わる 배우다

習う 배우다

① 姉にプレゼントをあげました。

 언니에게 선물을 주었습니다.

② 友達に本をもらいました。

 친구에게 책을 받았습니다.

3) 「と」와 「に」 양쪽 다 쓸 수 있는 경우

• 「いっしょに(함께)」와 「一方的に(일방적으로)」의 양쪽 의미를 가진 동작

話す 이야기하다　　　　　　　心が通じる 마음이 통하다

相談する 상담하다　　　　　　電話する 전화하다

会う 만나다　　　　　　　　　似ている 닮았다

ぶつかる 부딪치다　　　　　　あいさつする 인사하다

約束する 약속하다

① 娘は先生と話しました。

　딸아이는 선생님과 이야기했습니다.

② 娘は先生に話しました。

　딸아이는 선생님에게 이야기했습니다.

　①은 딸아이와 선생님이 함께 이야기를 나누고 있는 뉘앙스이며, ②는 딸아이가 일방적으로 선생님에게 이야기하고 있는 뉘앙스가 있다.

✋ 質問！ ─────────────────────────────

Q 「映画館に行ったら、がらがらに空(す)いていた。」에서 「空(あ)く」가 아니라 「空く」가 사용되었는데 두 동사의 차이점이 뭔가요?

A 「映画館に行ったら、がらがらに空いていた。」

이 문장에서 「空(す)いていた」를 「空(あ)いていた」로 바꿀 수 없다.

× 映画館に行ったら、がらがらに空(あ)いていた。

「空(す)く」와 「空(あ)く」는 '공간이 생긴다'라는 공통적인 뜻을 가지지만, 그 정도와 쓰임에 차이가 있다.

「空く」는 부분적으로 공간이 생긴 것으로, 그 안에 조금 공간이 생긴다는 것이다.
예를 들어,

車内が空いてきた。

이것은 버스나 지하철 등에서 전보다 사람이 적어졌다는 뜻이다. 반면, 「空く」는 어떤
장소에 있었던 것이 없어진 것을 나타낸다.
예를 들어,

席が空いた。

이것은 그 자리에 앉아 있었던 사람이 떠나서 누구든 앉을 수 있게 된 것을 뜻한다.

[문장연습 쓰기노트]
정답 309쪽

다음 문장을 일본어로 써 보세요.

① 편의점을 가로질렀습니다.

➡ _____

② 편의점에서 캔 커피를 샀습니다.

➡ _____

③ 휴가에 대해 사원과 이야기 나눴습니다.

➡ _____

④ 오후3시에 나리타 공항에 도착했습니다.

➡ _____

⑤ 어머니에게 요리를 배웠습니다.

➡ _____

も、だけ、しか、ばかり -とりたて助詞-

강조할 때 사용되는 조사 「も、だけ、しか、ばかり」에 대해 학습한다.

1 「も」

1) 병립(並立)을 나타낸다.

① 私も分かりません。

저도 모릅니다.

② お子さんも参加できます。

자녀분도 참가할 수 있습니다.

③ 英語もできます。

영어도 할 수 있습니다.

2) 수량명사(数量詞)＋も

양이 많은 것을 나타낸다.

① 集まりに30人も来た。

모임에 30명이나 왔다.

② まだ5個もあります。

아직 5개나 있습니다.

③ 昨夜は10時間も寝ました。

어젯밤에는 10시간이나 잤습니다.

2 「だけ」

한정(限定)을 나타낸다.

① 集まりに田中さんだけ来ました。

　　모임에 다나카씨만 왔습니다.

② 飲み物だけでいいですか。

　　음료만으로 괜찮겠습니까?

③ 日本は東京だけ行ったことがあります。

　　일본은 도쿄에만 가본 적이 있습니다.

「しか～ない」

「だけ」와 동일하게 한정을 나타내나, 「しか」의 뒤에는 반드시 부정형이 온다.

①普段はシャワーしか浴びません。

　　보통은 샤워밖에 하지 않습니다.

②お酒はビールしか飲みません。

　　술은 맥주밖에 안마십니다.

③集まりに田中さんしか来ませんでした。

　　모임에 다나카씨밖에 오지 않았습니다.

「ばかり」

양이나 횟수 등이 많다고 느껴질 때 쓴다. 상태를 나타내는 「ている」를 이어서 「ばかり～している」, 「～してばかりいる」의 형태로 쓰이는 경우가 많다.

① 彼は仕事ばかりしています。

　　그는 일만 하고 있습니다. (* 습관을 나타내는 「ている」)

② 朝からコーヒーばかり飲んでいる。

　　（＝コーヒーを飲んでばかりいる。）

　　아침부터 커피만 마시고 있다.

③ 子供がおかしばかり食べている。

(＝おかしを食べてばかりいる。)

아이가 과자만 먹고 있다.

Tip：とりたて助詞(조사)

「とりたて助詞(조사)」에는「も，だけ，しか，ばかり」밖에도 다음과 같이 있다.

くらい ～정도

こそ ～야말로

さえ ～마저

すら ～조차

だって ～도 또한

でも ～라도

など ～등

なら ～라면

なんか ～따위

のみ ～뿐

まで ～까지

다음 문장을 일본어로 써 보세요.

① 다나카 씨와 스즈키 씨는 내일도 참가합니다.

➡ _____

② 오늘 아침 혼자서 사과를 3개나 먹었습니다.

　　단어 りんご 사과, 個 ～개

➡ _____

③ 일본어는 히라가나만 읽을 수 있습니다.

➡ _____

④ 내일 밖에 시간이 없어요.

➡ _____

⑤ 아이가 게임만 하고 있습니다.

　　단어 ゲーム 게임

➡ _____

✏️ ひと言 ─────────────────────────

「に」가 붙어도 붙지 않아도 되는 것.

· '지금'이외의 어떤 특정 시간과의 상대적인 관계로 정해지는 경우 :

翌日(다음날), **前日**(전날), **次の朝**(다음날 아침), **その日の朝**(그날 아침) 등

① **商品は {翌日に/翌日} お届けします。**

상품은 다음날 보내드리겠습니다.

② **{週末の夜に/週末の夜}、会いましょう。**

주말 밤에 만납시다.

· 일정한 폭을 갖는 것 :

春(봄), **夏**(여름), **秋**(가을), **冬**(겨울), **夏休み**(여름방학), **冬休み**(겨울방학) 등

① **{夏休みに/夏休み、} 日本へ行く予定です。**

여름방학에 일본에 갈 예정입니다.

② **今年の {春に/春、} 入社しました。**

올해 봄에 입사했습니다.

- ぎりぎり 아슬아슬, 빠듯함

 開始時間にぎりぎり間に合った。
 <ruby>開始時間<rt>かいしじかん</rt></ruby>

 시작시간에 아슬아슬하게 맞췄다.

- ぴったり 딱(맞음)

 会社に9時ぴったりに着いた。

 회사에 9시 딱 맞게 도착했다.

 このくつは私にぴったりのサイズです。

 이 구두는 나에게 딱 맞는 크기입니다.

- ばらばら 뿔뿔이, 제각각

 みんなばらばらに来ます。

 모두 제각각 옵니다.

- こっそり 살짝

 公演が長引くので、こっそり抜けてきた。

 공연이 길어져서 살짝 빠져 나왔다.

1 「は」와「が」

④ ～は～が～ ~는 ~가/이~

- A(화제) は B(주어) が ~

① この授業は課題が多いです。

　이 수업은 과제가 많습니다.

② イさんは日本語が上手です。

　이 씨는 일본어를 잘합니다.

③ 関西地方は夏がとても暑いです。

　간사이 지방은 여름이 굉장히 덥습니다.

④ 九州は温泉施設が多いです。

　규슈는 온천시설이 많습니다.

＊「は」와「が」

「は」는 화제를 나타내고, 「は」의 뒤에 그 화제에 대한 정보를 제시한다.

「が」는「が」앞에 전하고자 하는 정보가 있다.

① 代表はパクさんです。

　대표는 박씨입니다.

② パクさんが代表です。

　박씨가 대표입니다.

③ 講演会は1時から始まります。場所は学生会館です。予約が必要です。

　강연회는 1시부터 시작됩니다. 장소는 학생회관입니다. 예약이 필요합니다.

2 병렬조사(並列助詞)

1) と

해당하는 것 모두를 열거할 때 사용한다.

① 田中さんと鈴木さんとパクさんが来ます。

다나카씨와 스즈키씨와 박씨가 옵니다.

② 今朝はパンとコーヒーとヨーグルトを食べました。

오늘 아침은 빵과 커피와 요구르트를 먹었습니다.

2) や

일부 예만 들 때 사용한다.

① 田中さんや鈴木さんが来ます。

다나카씨나 스즈키씨가 옵니다.

② 今朝はパンやヨーグルトを食べました。

오늘 아침은 빵이 요구르트를 먹었습니다.

3) か

예로 든 것 중에서 해당하는 것을 선택할 때 사용한다.

① 田中さんか鈴木さんが来ます。

다나카씨나 스즈키씨가 옵니다.

② 明日かあさって伺います。

내일이나 모레 찾아뵙겠습니다.

3 종조사(終助詞)

　문장 끝에 붙이는 종조사는 말하는 사람의 태도를 나타내는 조사이다. 특히 자주 사용하는 「ね, よね, よ」에 대해서 알아보자. 이들은 어떤 문장이라도 붙일 수 있는 것이 아니라 아래와 같은 제한적인 상황에서 쓰이므로, 사용법이 틀리면 부자연스러워지거나 상대방에게 불쾌감을 줄 수 있기 때문에 조심하여야 한다.

1) ね

상대방이 알고 있다고 생각되는 것에 대해 동의를 구할 때 사용한다.

① 昨日はつかれましたね。

어제는 피곤했었지요

② 今日は雨ですね。

오늘은 비가 내리네요

2) よね

상대가 자신보다 잘 알고 있다고 생각하는 것을 확인 할 때 사용한다.

① 送別会は金曜日ですよね。

송별회는 금요일이지요?

②デパートは7時までですよね。

백화점은 7시까지 하지요?

3) よ

상대방이 알지 못하는 것에 대해 <u>주의를 향하게 할 때</u> 사용한다.

① A : 試験は10時からですよね。

시험은 10시부터지요?

B : そうですよ。

맞아요

* 사용법을 틀리는 경우에 부자연스러워지거나 어투가 과격해질 수 있기 때문에 주의해
야 한다.

① (자기소개에서)

? 私はキム・ポヒョンですよ。

○ 私はキム・ポヒョンです。

저는 김보현입니다.

② A : 明日学校に行きますか。

내일 학교에 갑니까?

B : ? 行きませんよ。

　　　　　　○ 行けないと思います。 등

　　　　　　　　못 갈 것 같아요

③ A : 夏休みはどこかに行きますか。

　　　　　여름 방학에 어디 가나요?

　　　B : ? ハワイに行きますよ。

　　　　　○ ハワイに行きます。

　　　　　　　하와이에 갑니다.

[남녀차가 있는 종조사(**終助詞**)]

4)「わ」

「わ」는 여자만 쓰는 표현이며, 친한 사이에서만 쓰는 표현입니다.

〈동의를 구할 때〉

　　춥네요.

　　(남녀)　寒いね。

　　(여)　寒いわね。

〈이목을 끌 때〉

　　가요.

　　(남녀) 行くよ。

　　(여)　行くわよ。

〈감정 표현〉

　　기쁘네요.

　　(남녀) うれしいな。

　　(여)　うれしいわ。

Tip 여자만 사용하는 말에는 의문 표현으로 「かしら」가 있다.

비 내릴까?

(남녀) 雨、ふるかな。

(여) 雨、ふるかしら。

5)「ぜ」

「ぜ」는 친한 남자들 사이에서만 쓰는 표현입니다.

① 行くぜ。（行こう。）

　　가자.

② やるぜ。（やろう。）

　　하자.

6)「さ」

「さ」는 가벼운 주장을 나타낼 때 쓰는 냉담한 표현이며 남자만 쓰는 말입니다.

① まあ、いいさ。

　　뭐, 좋아.

② やってもむださ。

　　해봤자 소용없어.

③ 勝つに決まっているさ。

　　당연히 이길 거야.

④ これ、何のつもりさ。

　　이거 무슨 속셈이지?

Tip 일부 관동 지방에서는 방언으로써 친한 남녀 사이에서 쓰는 경우도 있습니다.
　　 문장 안에서「さー」하고 길게 발음하는 경우가 많습니다.

　　A : あの映画、観た？

　　　　그 영화 봤어?

　　B : 昨日、観たけどさー、あまり良くなかった。

　　　　어제 봤는데 말이야, 별로 안 좋았어.

제11장

て형, 「なくて」/「ないで」

시작하기

🌸 학습 내용

'て형'에 대해서 학습한다.

🌸 학습 목표

명사, 형용사, 동사를 'て형'으로 만드는 법을 알고 문장을 연결할 수 있다.

───────────────────────────────

🌸 Point 'て형'이란

* 명사, 형용사, 동사에 て형 붙인 형태를 말하며, '〜하고, 〜해서'와 같이 문장을 연결할 수도 있다.

동사	朝起きて、歯をみがきます。	아침에 일어나서 이를 닦습니다.
い형용사	小さくて、かわいいです。	작고, 귀엽습니다.
な형용사	簡単で、便利です。	간단하고, 편리합니다.
명사	白い建物で、15階建てです。	하얀 건물로 15층(짜리)입니다.

* て형을 문형에 접속해서 여러 표현을 만들 수도 있다. 「て형」을 활용하면 일본어 표현이 풍부해진다. 예를 들어, 빌린 책을 잃어버렸을 때, 상대방에게

「借りた本をなくしました。」(빌렸던 책을 잃어버렸습니다.)

라고 한다면 책을 잃어버렸다는 사실만이 전달된다. 하지만,

「借りた本をなくしてしまいました。」(빌렸던 책을 잃어버리고 말았습니다.)

라고 표현하는 것으로, 책을 잃어버려서 미안하게 생각하고 있는 것이 상대방에게 전해지는 것이다. 이와 같이 「て형」 활용 능력은 초급에서 중급으로 올라가는 키포인트가 된다.

 ## 퀴즈

 정답 309쪽

다음 문장을 일본어로 써 보세요.

1 역 앞의 라면 가게는 싸고 맛있습니다.

➡ _____

2 조용하고 깨끗한 가게입니다.

➡ _____

3 오늘은 쉬는 날이라서 집에 있습니다.

➡ _____

4 오늘 아침 6시에 일어나서 공부했습니다.

➡ _____

5 비가 내리지(오지) 않아서 좋았습니다.

➡ _____

단어

ラーメン	라면
プリン	푸딩
スーパー	슈퍼
移動	이동
買える	[동2] 살 수 있다
参加できる	참가할 수 있다
風邪をひく	감기에 걸리다
八百屋	채소 가게
すいか	수박
頭がいい	머리가 좋다, 똑똑하다
職員	직원
連休	연휴
紹介	소개
ニュース	뉴스
思い出す	[동1] 생각해 내다
遅れる	[동2] 늦다
日本語ができる	일본어를 할 수 있다
買い物	쇼핑
新鮮	[な형] 신선하다

けんこうしんだん 健康診断	건강진단
けっか 結果	결과
あんしん 安心	안심
せつめい 説明	설명
おも 思ったより	생각보다
ねだん 値段	가격
あんき 暗記	암기
とくい 得意	[な형] 잘한다, 잘하는 것
くろう 苦労する	[동3] 고생하다
たんとう 担当	담당
でんき 電気がつく	전기가(불이) 들어오다
でんき　け 電気を消す	전기를(불을) 끄다
たんすいかぶつ 炭水化物	탄수화물
しつ たんぱく質	단백질
さくせい 作成する	[동3] 작성하다
こま 困る	[동1] 곤란하다
た 足りる	[동2] 충분하다
こた 答え	대답, 답
と 解く	[동1] 풀다

학습하기

핵심문법 1 て형의 기능

① 문장을 연결하는 て

「て」는 글과 글을 연결할 수 있는 가장 쉬운 형태라고 할 수 있다. 한국어의 '~하고'에 해당하는 표현으로 동작을 열거하거나 나열할 수 있다.

コンビニに行く ＋ プリンを買う ＋ 食べる

편의점에 가다　　　　푸딩을 사다　　　　먹다

↓　　　　　　↓

コンビニに行って、プリンを買って、食べました。

편의점에 가서 푸딩을 사서 먹었습니다.

① 図書館に行って、本を借りて帰りました。

　도서관에 가서 책을 빌려서(빌리고) 돌아왔습니다.

② 6時に起きて、顔を洗って、ご飯を食べて、7時に家を出ます。

　6시에 일어나서 씻고 밥을 먹고 7시에 집을 나옵니다.

③ スーパーに行って、買い物をして、料理を作って、お風呂に入って、11時に寝ます。

　슈퍼에 가서 쇼핑을 하고 요리를 만들고 목욕을 하고 11시에 잡니다.

② 원인, 이유를 나타내는 て

원인이나 이유를 나타낼 때 「て」를 사용할 수 있다. 한국어의 「~여서, ~아서」에 해당하는 표현으로 「から」나 「ので」보다는 원인이나 이유의 관계가 약해진다. 명사의 경우 「~때문에」로 번역되는 경우가 많다.

雨が降る ＋ 移動に時間がかかった。

비가 내린다　　　이동하는데 시간이 걸렸다.

↓

雨が降って、移動に時間がかかった。

비가 내려서(와서) 이동하는데 시간이 걸렸다.

雨で、移動に時間がかかった。

비 때문에 이동하는데 시간이 걸렸다.

① これは、高くて買えません。

이것은 비싸서 살 수 없습니다.

② 風邪をひいて、参加できませんでした。

감기에 걸려서 참가할 수 없습니다.

③ 風邪で参加できませんでした。

감기 때문에 참가할 수 없습니다.

핵심문법 2 て형 만드는 법

1 형용사 て형

④ い형용사 ~~い~~＋くて

- い형용사 ~~い~~＋くて

暑い	→	暑	＋	くて	더워서, 덥고
寒い	→	寒	＋	くて	추워서, 춥고
忙しい	→	忙し	＋	くて	바빠서, 바쁘고
いい(良い)	→	良	＋	くて	좋아서, 좋고

① 八百屋のすいかは甘くておいしいです。

채소가게의 수박은 달고 맛있습니다.

② 今日は体調が悪くて早く帰りました。

오늘은 몸 상태가 나빠서 빨리 돌아왔습니다.

③ 田中さんは頭が良くてしっかり者です。

다나카 씨는 머리가 좋고 야무진 사람입니다.

④ な형용사＋で

・ な형용사＋で

静か	→	静か	＋ で	조용해서, 조용하고
きれい	→	きれい	＋ で	깨끗해서, 깨끗하고
ひま	→	ひま	＋ で	한가해서, 한가하고
好き	→	好き	＋ で	좋아해서, 좋아하고

① キムさんは日本語が上手でうらやましいです。

김씨는 일본어를 잘해서 부럽습니다.

② 日本料理は娘が好きでよく食べに行きます。

일본요리는 딸아이가 좋아해서 자주 먹으러 갑니다.

③ 職員みんな仕事がていねいで親切です。

직원 모두 일을 신중하게 하고 친절합니다.

2 명사 て형

④ 명사＋で

・ 명사＋で

① 今週は連休でひまです。

이번 주는 연휴라서 한가합니다.

② 日本人で女性の方を紹介してください。

일본인인 여성분을 소개시켜 주십시오

③ 父が病気で、今とても忙しいです。

아버지가 아프셔서, 지금 매우 바쁘십니다.

③ **동사 て형**

- ④ 동사 て형+て

1) 1그룹 동사

① 어미가 「く」인 동사

- 「く」를 「い」로 바꾸고 「て」를 붙인다.

  書く → 書い+て → 書いて

- 「ぐ」는 「い」로 바꾸고 「で」를 붙인다.

  急ぐ → 急い+で → 急いで

- <예외> 行く 가다 → 行って

② 어미가 「む」「ぶ」「ぬ」인 동사

- 어미 「む」「ぶ」「ぬ」를 「ん」으로 바꾸고 「で」를 붙인다.

  休む → 休ん+で → 休んで

③ 어미가 「う」「つ」「る」인 동사

- 어미 「う」「つ」「る」를 「っ」으로 바꾸고 「て」를 붙인다.

  帰る → 帰っ+て → 帰って

④ 어미가 「す」인 동사

- 어미 「す」를 「し」로 바꾸고 「て」를 붙인다.

  話す → 話し+て → 話して

2) 2그룹 동사

어미의 「る」를 떼고 「て」를 붙인다.

食べる → 食べる +て →食べて

3) 3그룹 동사

① する → して

勉強する → 勉強して

そうじする→そうじして

② 来(く)る → 来(き)て

「来る오다」는 같은 한자(来)임에도 발음이 바뀝니다.

1그룹 동사	書く	쓰다	→	書く	い	て	書いて
	急ぐ	서두르다	→	急ぐ		で	急いで
	休む	쉬다	→	休む			休んで
	遊ぶ	놀다	→	遊ぶ	ん	で	遊んで
	死ぬ	죽다	→	死ぬ			死んで
	買う	사다	→	買う			買って
	待つ	기다리다	→	待つ	っ	て	待って
	帰る	돌아가다	→	帰る			帰って
	話す	이야기하다	→	話す	し	て	話して
2그룹 동사	食べる	먹다	→	食べる			食べて
	見る	보다	→	見る	て		見て
	教える	가르치다	→	教える			教えて
3그룹 동사	する	하다	→		して		
	来る	오다	→		来て		

① ニュースを聞いてびっくりしました。

　뉴스를 듣고 깜짝 놀랐습니다.

② 写真を見て思い出しました。

　사진을 보고 생각났습니다.

③ 遅れてすみません。

　늦어서 죄송합니다.

作文してみよう！ ──────────────────────────○

「て」을 이용하여 작문해 보세요.

_____

_____

_____

_____

[문장연습 쓰기노트]　　　　　　　　　　　　　　　　정답 309쪽

다음 문장을 일본어로 써 보세요.

① 저렴하고, 맛있는 가게를 안내합니다.

　➡ _____

② 공항버스가 편하고 편리합니다.

　　단어　空港バス 공항버스

　➡ _____

③ 초등학생이고(이면서), 일본어를 할 줄 아는 아이는 별로 없습니다.

　➡ _____

④ 일본에 가서 쇼핑을 하고 싶습니다.

　➡ _____

⑤ 오늘은 일찍 집에 가서 쉽니다.

➡ _____

핵심문법 3 「(형용사, 명사)なくて」

형용사와 명사에 「**なくて**」를 붙여서 '~지 않아서', '~이/가 아니라서'와 같은 표현을 만들 수 있다.

④ い형용사い+なくて

・ い형용사~~い~~+く+なくて

暑い	→	暑	+	く なくて	덥지 않아서
寒い	→	寒	+	く なくて	춥지 않아서
忙しい	→	忙し	+	く なくて	바쁘지 않아서
いい(良い)	→	良	+	く なくて	좋지 않아서

① 東京はそれほど寒くなくて良かったです。

　도쿄는 그다지 춥지 않아서 좋았습니다.

② あまり辛くなくて新鮮な韓国料理が人気です。

　그다지 맵지 않고 신선한 한국요리가 인기입니다.

③ 健康診断の結果が悪くなくて安心した。

　건강진단 결과가 나쁘지 않아 안심했다.

④ な형용사+で+なくて
④ 명사+で+なくて

・ な형용사+で+なくて
・ 명사+で+なくて

静か	→	静か	+	で	なくて	조용하지 않아서
きれい	→	きれい	+	で	なくて	깨끗하지 않아서
ひま	→	ひま	+	で	なくて	한가하지 않아서
好き	→	好き	+	で	なくて	좋아하지 않아서

① 説明がていねいでなくて困りました。

설명이 정성스럽지 않아서 곤란했습니다.

② 今日は雨でなくて良かったです。

오늘은 비가 아니라서 좋았습니다. (다행이었습니다.)

作文してみよう！

「(형용사, 명사)なくて」을 이용하여 작문해 보세요.

_____

_____

_____

_____

[문장연습 쓰기노트]   정답 309쪽

다음 문장을 일본어로 써 보세요.

① 생각보다 가격이 비싸지 않아서 안심했다.

➡ _____

② 역이 가깝지 않아서 불편하다.

➡ _____

③ 시험이 어렵지 않아서 안심했다.

    ➡ _____

④ 학생 시절 암기를 잘하지 못해서 고생했다.

    ➡ _____

⑤ 담당이 내가 아니어서 잘됐다.

    ➡ _____

핵심문법 4 「(동사)なくて」와 「(동사)ないで」

동사 て형의 부정형에는 「~なくて」와 「~ないで」 두 가지가 있다.

이유를 말할 때는 「~なくて」를 사용하고, 이유가 아닌 것 (부대상황(**付帯状況**), 병렬(**並列**), 수단(**手段**))을 말할 때는 「~ないで」를 사용한다.

1. 電気がつかなくて困った。 전기가(불이) 들어오지 않아 곤란했다.

이유: 어떤 동작이나 행위 때문에 뒤 문장이 일어난다는 뜻.

   「電気がつかなかったので困った。」 (전기가(불이) 들어오지 않아서 곤란했다.)

2. 電気を消さないで出てきた。 전기를(불을) 끄지 않고 나왔다.

부대상황 : 어떤 동작이나 행위를 하지 않은 채, 다음 동작이나 행위를 했다는 뜻.

   「電気を消さないまま出てきた。」 (전기를(불을) 끄지 않은 채 나왔다.)

④ ～なくて

· 동사 **ない**형＋**なくて** （원인, 이유）

① 行けなくて、すみませんでした。

   못 가서 죄송했습니다.

② 田中さんが来なくて、心配しました。

다나카 씨가 오지 않아서 걱정했습니다.

③ 水が出なくて、困りました。

물이 나오지 않아서 곤란했습니다.

④ ～ないで

• 동사 ない형 + ないで

【부대상황】

① 朝ごはんを食べないで、出てきました。

아침밥을 먹지 않고 나왔습니다. (「食(た)べないまま」(먹지 않은 채~))

② 歯を磨かないで、寝てしまいました。 (「磨かないまま」(닦지 않은 채~))

이를 닦지 않고, 잠들어 버렸습니다.

③ 家に帰らないで、友達の家で寝ました。

집에 돌아가지 않고 친구 집에서 잤습니다. (「帰らないまま」(돌아가지 않은 채~))

【병렬】

① 私は泳がないで、子供たちだけ泳ぎました。

저는 수영하지 않고 아이들만 수영했습니다.

② 東京には行かないで、大阪だけ行きました。

도쿄에는 가지 않고 오사카만 갔습니다.

③ 炭水化物は食べないで、たんぱく質だけ食べてください。

탄수화물은 먹지 말고 단백질만 먹어주세요.

【수단】

① パソコンを使わないで、書類を作成しました。

컴퓨터를 사용하지 않고 서류를 작성했습니다.

② バスに乗らないで、歩いて行きました。

버스를 타지 않고 걸어서 갔습니다.

③ はさみを使わないで、手で切ってください。

가위를 사용하지 않고 손으로 잘라주세요.

「(동사)なくて」와 「(동사)ないで」을 이용하여 작문해 보세요.

_____

_____

_____

_____

[문장연습 쓰기노트] 정답 310쪽

다음 문장을 일본어로 써 보세요.

① 잘 들리지 않아서 힘들었습니다.

➡ _____

② 돈이 부족해서 곤란했습니다.

➡ _____

③ 어젯밤은 자지 않고 공부했습니다.

➡ _____

④ 정답을 보지 말고 풀어주세요.

➡ _____

⑤ 학원에 가지 않고 혼자서 공부했습니다.

➡ _____

オノマトペ
의성어 의태어

┃ 歩く 걷다

- ぶらぶら **어슬렁어슬렁**
  家の周りをぶらぶらと散歩した。
  집 주변을 어슬렁 어슬렁 산책했다.

- うろうろ **우왕좌왕하는 모양, 허둥지둥**
  家の周りを知らない人がうろうろしている。
  집 주변을 모르는 사람이 어슬렁 거리고 있다.

┃ 雨 비

- ぱらぱら **조금씩 내리는 모양,**
  雨がぱらぱらと降ってきた。
  비가 조금씩 내리기 시작했다.

- しとしと **부슬부슬**
  雨がしとしと降っている。
  비가 부슬부슬 내리고 있다.

- ざーざー **세차게 내리는 모양, 쏴**
  雨がざーざー降っている。
  비가 세차게 내리고 있다.

  ざーざー降り。
  폭우(비가 세차게 많이 오는 모양)

제12장

て형 응용

시작하기

❀ 학습 내용

'て형'에 대해서 학습한다.

❀ 학습 목표

명사, 형용사, 동사를 'て형'으로 만드는 법을 알고 문장을 연결할 수 있다.

퀴즈

정답 310쪽

다음 문장을 일본어로 써 보세요.

1. 조금 더 기다려 주시지 않겠습니까?

➡ _____

2. 이름과 전화번호를 적어주세요.　　　　　　　단어 **名前** 이름, **電話番号** 전화번호

➡ _____

3. 다나카 씨에게 전화해 보겠습니다.

➡ _____

4. 벌써 사버렸습니다.　　　　　　　　단어 **もう~** 벌써~

➡ _____

5. 여기서 사진을 찍어서는 안 됩니다.

➡ _____

 ## 단어

住所	주소
パスポート	여권
見せる	[동2] 보여주다
良かったら	괜찮으면, 괜찮다면
詳しい	[い형] 자세하다, 상세하다
遅れる	[동2] 늦다
もう~	벌써 ~
質問に答える	질문에 답하다
書類	서류
作業	작업

温める	[동2] 따뜻하게 하다, 데우다
始める	[동2] 시작하다
調べる	[동2] 조사하다
公園	공원
配達	배달
道	길
止める	[동2] 멈추다
周り	주위, 주변
式典	식전, 의식
普段着	평상복
冷たい	차갑다
ごみを捨てる	쓰레기를 버리다
子供⇔大人	어린이 ⇔ 어른
時間表	시간표
スケジュール	일정, 스케쥴
確認する	[동3] 확인하다
一度	한 번
先に	먼저
全部	전부
まちがう	[동1] 잘못 되다, 틀리다
公演	공연

학습하기

핵심문법 1 ~てください／~てから

1 ~てください

🖑 ~てください ~해 주십시오

🖑 ~てくれませんか ~해 주시겠습니까?

🖑 ~ていただけませんか ~해 주시겠습니까?

＊「~ていただけませんか」는「~てくれませんか」보다 정중한 의뢰 표현이다.

- 동사 て형＋てください
- 동사 て형＋てくれませんか

① 住所と電話番号を記入してください。

주소와 전화번호를 기입해 주십시오

② パスポートを見せてください。

여권을 보여 주십시오

③ 福岡を案内してくれませんか。

후쿠오카를 안내해 주시겠습니까?

④ 良かったら、場所を教えてくれませんか。

괜찮다면, 장소를 알려 주시겠습니까?

⑤ 詳しく話していただけませんか。

자세히 이야기해 주시겠습니까?

🖑 ~ないでください ~하지 말아 주십시오.

🖑 ~ないでくれませんか ~하지 말아 주시겠습니까?

⑤ 〜ないでいただけませんか 〜하지 말아 주시겠습니까?

＊ 「〜ないでいただけませんか」는 「〜ないでくれませんか」보다 정중한 의뢰 표현이다.

・ 동사의 **ない**형 ＋ **ないでください**
・ 동사의 **ない**형 ＋ **ないでくれませんか**

① 明日は遅れないでください。

   내일은 늦지 말아 주십시오

② 窓は開けないでください。

   문을 열지 말아 주십시오

③ ここでたばこを吸わないでくれませんか。

   여기서 담배 피우지 말아 주시겠습니까?

④ 誰にも言わないでくれませんか。

   아무에게도 말하지 말아 주시겠습니까?

⑤ もう妹と会わないでいただけませんか。

   이제 여동생과 만나지 말아 주시겠습니까?

✎ **作文してみよう！**──────────────○

「〜てください〜해 주십시오」을 이용하여 작문해 보세요.

_____

_____

_____

_____

④ ～てから ～하고 나서

- 동사 て형＋てから

書く	→	書いて	から	적고 나서
休む	→	休んで	から	쉬고 나서
帰る	→	帰って	から	돌아가고 나서
話す	→	話して	から	말하고 나서
食べる	→	食べて	から	먹고 나서
する	→	して	から	하고 나서
来る	→	来て	から	오고 나서

① 夕食を食べてから、お風呂に入ります。

저녁을 먹고 나서, 목욕을 합니다.

② 仕事が終わってから、友達に会います。

일이 끝나고 나서, 친구를 만납니다.

③ 文章を読んでから、質問に答えてください。

문장을 일고 나서, 질문에 답해 주세요.

✎ **作文してみよう！**

「～てから ～하고 나서」을 이용하여 작문해 보세요.

_____

_____

_____

_____

다음 문장을 일본어로 써 보세요.

① 여기에 이름을 적어 주세요.

➡ _____

② 오늘 2시까지 서류를 보내주시지 않겠습니까?

➡ _____

③ 아직 작업을 시작하지 말아주세요.

➡ _____

④ 전자레인지로 데워서 드세요.

➡ _____

⑤ 좀 더 알아보고 나서 정하겠습니다.

➡ _____

핵심문법 2 허가·금지 표현

1 ~てもいい(허가)

④ ~てもいいです ~해도 됩니다.
④ ~でもいいです ~라도 됩니다.

· 동사의 て형 + てもいいです

書く　→　書いて　もいいです　　적어도 됩니다.

休む　→　休んで　もいいです　　쉬어도 됩니다.

帰る	→	帰って	もいいです		돌아가도 됩니다.
話す	→	話して	もいいです		말해도 됩니다.
食べる	→	食べて	もいいです		먹어도 됩니다.
する	→	して	もいいです		해도 됩니다.
来る	→	来て	もいいです		와도 됩니다.

- い형용사い + くてもいいです
- な형용사 + でもいいです
- 명사 + でもいいです

い형용사	大きい	→	大き	くて	もいいです	커도 됩니다.
な형용사	しずか	→	しずか	で	もいいです	조용해도 됩니다.
명사	朝	→	朝	で	もいいです	아침이라도 됩니다.

① 公園の水は飲んでもいいです。

공원의 물은 마셔도 됩니다.

② 部屋が少し狭くてもいいですか。

방이 조금 좁아도 됩니까(될까요)?

④ 日本語が下手でもいいですか。

일본어가 미숙해도 됩니까?

⑤ どこでもいいです。

어디든지 괜찮습니다.

④ ～てもかまいません ~해도 상관없습니다.

④ ～でもかまいません ~라도 상관없습니다.

- 동사 て형 + てもかまいません

書く	→	書いて	もかまいません	적어도 상관없습니다.
休む	→	休んで	もかまいません	쉬어도 상관없습니다.

帰る	→	帰って	もかまいません	돌아가도 상관없습니다.	
話す	→	話して	もかまいません	말해도 상관없습니다.	
食べる	→	食べて	もかまいません	먹어도 상관없습니다.	
する	→	して	もかまいません	해도 상관없습니다.	
来る	→	来て	もかまいません	와도 상관없습니다.	

- い형용사い+くてもかまいません
- な형용사な+でもかまいません
- 명사+でもかまいません

い형용사	大きい	→	大き	くて	もかまいません	커도 상관없습니다.
な형용사	しずか	→	しずか	で	もかまいません	조용해도 상관없습니다.
명사	朝	→	朝	で	もかまいません	아침이라도 상관없습니다.

① いつ来てもかまいません。

　　언제 와도 상관없습니다.

② 駅から遠くてもかまいません。

　　역에서 멀어도 상관없습니다.

③ 交通が不便でもかまいませんか。

　　교통이 불편해도 상관없습니까?

④ 配達は明日でもかまいません。

　　배달은 내일이라도 상관없습니다.

作文してみよう！ ──────────────────○

「～てもいいです」을 이용하여 작문해 보세요.

_____

_____

2 ～てはいけない(금지)

🔊 ～てはいけません ~하면 안 됩니다.

🔊 ～ではいけません ~이면 안 됩니다.

・ 동사 て형 + てはいけません

書く	→	書いて	はいけません	적으면 안됩니다.
休む	→	休んで	はいけません	쉬면 안됩니다.
帰る	→	帰って	はいけません	돌아가면 안됩니다.
話す	→	話して	はいけません	말하면 안됩니다.
食べる	→	食べて	はいけません	먹으면 안됩니다.
する	→	して	はいけません	하면 안됩니다.
来る	→	来て	はいけません	오면 안됩니다.

① 道に車を止めてはいけません。

길에 차를 세워서는 안 됩니다.

② ここでたばこを吸ってはいけません。

여기서 담배를 피워서는 안 됩니다.

③ ここで泳いではいけません。

여기서 헤엄쳐서는 안 됩니다.

・ い형용사い + くてはいけません

・ な형용사 + ではいけません

・ 명사 + ではいけません

い형용사	大きい	→	大き	くて	はいけません	크면 안 됩니다.
な형용사	しずか	→	しずか	で	はいけません	조용하면 안 됩니다.
명사	朝[あさ]	→	朝	で	はいけません	아침이라면 안 됩니다.

① 教室[きょうしつ]が寒くてはいけません。

　　교실이 추워서는 안 됩니다.

② 小学校の周[まわ]りが危険[きけん]ではいけません。

　　초등학교 주변이 위험해서는 안 됩니다.

③ 式典[しきてん]は普段着[ふだんぎ]ではいけません。

　　식전에 평상복은 안 됩니다.

✎ **作文してみよう！** ─────────────────────○

「～てはいけません」을 이용하여 작문해 보세요.

_____

_____

_____

_____

[문장연습 쓰기노트] ▨▨▨▨▨▨▨▨▨▨▨▨▨▨▨▨▨▨▨▨▨ 정답 310쪽

다음 문장을 일본어로 써 보세요.

① 창문을 닫아도 될까요?

　➡ _____

② 이 방을 써도 상관없습니다.

　➡ _____

③ 차가워도 됩니다.

➔ _____

④ 여기에 쓰레기를 버려서는 안됩니다.

➔ _____

⑤ 어린이면 안됩니다.

➔ _____

~てみる/~てしまう

1 ~てみる

💡 ～てみます ~해 보겠습니다.

* 동사의 て형＋てみます

書く	→	書いて みます	적어 보겠습니다.
休む	→	休んで みます	쉬어 보겠습니다.
帰る	→	帰って みます	돌아가 보겠습니다.
話す	→	話して みます	말해 보겠습니다.
食べる	→	食べて みます	먹어 보겠습니다.
する	→	して みます	해 보겠습니다.
来る	→	来て みます	와 보겠습니다.

① 明日行って、聞いてみます。

내일 가서 물어보겠습니다.

② 時間表を見てみます。

시간표를 봐 보겠습니다.

③ スケジュールを確認してみます。

스케줄을 확인해 보겠습니다.

④ 一度、行ってみてください。

한 번 가보세요.

✎ **作文してみよう！** ──────────────────────── ◯

「〜てみます〜해 보겠습니다.」을 이용하여 작문해 보세요.

_____

_____

_____

_____

2 〜てしまう

💡④ 〜てしまいます ~해 버립니다.

• 동사의 て형＋てしまいます

書く	→	書いて	しまいます	적어 버립니다.
休む	→	休んで	しまいます	쉬어 버립니다.
帰る	→	帰って	しまいます	돌아가 버립니다.
話す	→	話して	しまいます	말해 버립니다.
食べる	→	食べて	しまいます	먹어 버립니다.
する	→	して	しまいます	해 버립니다.
来る	→	来て	しまいます	와 버립니다.

① 先に書類を書いてしまいます。

먼저 서류를 작성해 버립니다.

② 昨日借りた本はもう全部読んでしまいました。

어제 빌린 책은 이미 전부 읽어버렸습니다.

③ まちがってメールを消してしまいました。

잘못해서 메일을 지워 버렸습니다.

④ 公演が始まる前に夕食を食べてしまいませんか。

공연이 시작하기 전에 저녁을 먹어버리지 않겠습니까?

作文してみよう！ ───────────────────○

「～てしまいます～해 버립니다.」을 이용하여 작문해 보세요.

_____

_____

_____

_____

[문장연습 쓰기노트]   정답 310쪽

다음 문장을 일본어로 써 보세요.

① 조금 더 기다려 보겠습니다.

➡ _____

② 친구에게 물어보겠습니다.

➡ _____

③ 한 번 먹어보세요.

➡ _____

④ 밥을 너무 많이 먹어버렸습니다.

➡ _____

⑤ 어제는 빨리 자버렸습니다.

➡ _____

きもち 기분

- しょんぼり 풀 죽은, 쓸쓸히
田中さんは試験に落ちてしょんぼりしていた。
다나카 씨는 시험에 떨어져서 풀이 죽어있었다.

- うんざり 지긋지긋한
仕事が多くてうんざりする。
일이 많아서 지긋지긋하다.

- がっかり 낙심하다, 맥 풀리다
彼がいなくてがっかりした。
그가 없어서 낙심했다.

- はらはら 조마조마
タクシーの運転が荒くてはらはらした。
택시 운전이 거칠어서 조마조마했다.

- すっきり 산뜻이, 말쑥이, 시원해지다, 상쾌해지다
言いたいことを言ってすっきりした。
하고 싶은 말을 말해서 시원해졌다.

前髪を切ってすっきりした。
앞머리를 잘라서 산뜻해졌다.

제13장

ている

시작하기

❀ **학습 내용**

'ている'를 사용한 표현의 여러가지 용법에 대해 학습한다.

❀ **학습 목표**

'ている'표현을 마스터한다. 특히 상태를 나타내는 'ている'를 올바르게 사용할 수 있도록 한다.

퀴즈

정답 310쪽

다음 문장을 일본어로 써 보세요.

1. 지금 밥을 먹고 있습니다.

➡ _____

2. 매일 NHK를 보고있습니다.

➡ _____

3. 야마다 씨는 결혼했습니까?

➡ _____

4. 아직 결혼하지 않았습니다.

➡ _____

5. 넥타이를 매고 있는 사람이 기무라 씨입니다.

➡ _____

단어

NHK	NHK
ネクタイ	넥타이
野菜ジュース	채소 주스
運転手	운전기사
日記	일기
庭	정원, 마당
事務	사무
割れる	[동2] 깨지다
ガラス	유리
猫	고양이

さいふ	지갑
電気がつく	전기가(불이) 들어오다
電気が消える	전기가(불이) 꺼지다
止まる	[동1] 멈추다
コート	코트
やせる	[동2] 살이 빠지다
星の形	별의 모양
マグカップ	머그컵
だいぶ	상당히, 어지간히, 꽤나
赤ちゃん	아기
塾	학원
熱心	열심
やりがい	보람
文房具	문방구
規則	규칙
残業	잔업
務める	[동2] 임무를 맡다

학습하기

핵심문법 1 진행, 습관, 직업

1 진행

「步く」、「食べる」등의 동사에 「ている」를 붙여 동작의 진행을 나타낸다.

④ ~ています ~하고 있습니다. (진행)

• 동사 て형 + ています

今、手紙を書く。	→ 今、手紙を書いて	います。 지금 편지를 쓰고 있습니다.
今、友達と話す	→ 今、友達と話して	います。 지금 친구와 이야기하고 있습니다.
今、ご飯を食べる	→ 今、ご飯を食べて	います。 지금 밥을 먹고 있습니다.
今、勉強をする。	→ 今、勉強をして	います。 지금 공부를 하고 있습니다.

Tip 「今、~しています」를 「今、~中です」라고도 할 수 있다.

① 今、運転しています。 지금 운전하고 있습니다.

今、運転中です。 지금 운전 중입니다.

② 今、食事をしています。 지금 식사를 하고 있습니다.

今、食事中です。 지금 식사 중입니다

③ 今、仕事をしています。 지금 일을 하고 있습니다.

今、仕事中です。 지금 일하는 중입니다

2 습관, 반복

「**ている**」는 진행 이외에도 습관이나 반복을 나타낸다.

④ 〜**ています** ~하고 있습니다.(습관, 반복)

· 동사 **て**형＋**ています**

① **毎日、ジョギングをし**ています。
매일 조깅을 하고 있습니다.

② **毎朝、野菜^{やさい}ジュースを飲ん**でいます。
매일 아침, 채소 주스를 마시고 있습니다.

③ **毎日1時間、日本語の勉強をし**ています。
매일 1시간 일본어 공부를 하고 있습니다.

3 직업

동사에 「**ている**」를 붙이고, 직업을 나타낸다.

④ 〜**ています** ~하고 있습니다.(직업)

· 동사 **て**형＋**ています**

① **A社^{しゃ}で働^{はたら}い**ています。
A사에서 일하고 있습니다.

② **高校^{こうこう}で英語を教え**ています。
고등학교에서 영어를 가르치고 있습니다.

③ **タクシーの運転手^{うんてんしゅ}をし**ています。
택시 운전기사를 하고 있습니다.

「～ています ～하고 있습니다(진행, 습관, 직업)」을 이용하여 작문해 보세요.

_____

_____

_____

_____

[문장연습 쓰기노트]   정답 311쪽

다음 문장을 일본어로 써 보세요.

① 지금 TV를 보고 있습니다.

➡ _____

② 아들은 집에서 친구와 놀고 있습니다.

➡ _____

③ 매일 일기를 쓰고 있습니다.

➡ _____

④ 매일 아침 정원 청소를 하고 있습니다.

➡ _____

⑤ 사무 일을 하고 있습니다.

➡ _____

① (동사)ている

「ている」에 「開く」「閉まる」「割れる」와 같은 결과를 남기는 타입의 동사가 붙으면, 변화의 결과 상태를 나타낸다. (예)「開いている」열려 있는 상태 (열려 있다))

💡 ～ています ~하고 있습니다.(상태)

• 동사 て형＋ています

開く	→	ドアが開いて	います。	문이 열려 있습니다.
閉まる	→	ドアが閉まって	います。	문이 잠겨 있습니다.
割れる	→	ガラスが割れて	います。	유리가 깨져 있습니다.
死ぬ	→	猫が死んで	います。	고양이가 죽어 있습니다.
落ちる	→	さいふが落ちて	います。	지갑이 떨어져 있습니다.
つく	→	電気がついて	います。	전기가(불이) 켜져 있습니다.
消える	→	電気が消えて	います。	전기가(불이) 꺼져 있습니다.
止まる	→	車が止まって	います。	차가 세워져 있습니다.
着る	→	赤いコートを着て	います。	빨간 코트를 입었습니다.
知る	→	電話番号を知って	います。	전화번호를 알고 있습니다.

Question!

「결혼했습니까?」에 맞는 표현을 ①「~ました」와 ②「~ています」중에서 고르시오.

① 結婚しましたか。

② 結婚していますか。

정답은 ②「結婚していますか。」가 맞다.

한국어는 변화의 시점에 주목하여 어떤 동작이나 변화가 끝났는가에 주목하는 경향이 있

는 반면, 일본어는 변화의 결과 상태에 주목한다. 순간동사인 경우, 한국어의 과거 표현이 「~た/ました」와 대응하지 않고 「~ている/~ています」가 된다.

① すずきさんは少しやせ**ています**。

   스즈키 씨는 조금 말랐습니다.

② 山田_{やまだ}さんはめがねをかけ**ています**。

   야마다 씨는 안경을 썼습니다.

③ 田中さんは黒_{くろ}いコートを着_き**ています**。

   다나카 씨는 검정 색 코트를 입었습니다.

Tip 「~ていますか」라고 질문을 받은 경우, 「~ています」나 「~ていません」으로 대답한다.

① A : 結婚_{けっこん}し**ています**か。

   결혼 했습니까?

   B : はい、結婚_{けっこん}し**ています**。

   네, 결혼했습니다.

   B : いいえ、結婚_{けっこん}し**ていません**。

   아니요, 결혼하지 않았습니다.

② A : ドア、閉_しまっ**ています**か。

   문, 닫혀 있습니까?

   B : はい、閉_しまっ**ています**。

   네, 닫혀 있습니다.

   B : いいえ、閉_しまっ**ていません**。

   아니요, 닫혀있지 않습니다.

③ A : 山田_{やまだ}さんは来_き**ています**か。

   야마다씨는 와 있습니까?

   B : はい、来_き**ています**。

   네, 와 있습니다.

   B : いいえ、来_き**ていません**。

   아니요, 와 있지 않습니다.

주의！「×知っていません」이 아니라「○知りません」

「知っていますか」라는 질문의 답에 모른다고 대답할 경우에는「×知っていません」이 아닌 「知(し)りません」이라고 해야 한다.

③ A : 木村さんを知っていますか。

　　　　기무라씨를 알고 있습니까?

　　B : はい、知っています。

　　　　네. 알고 있습니다.

　　B : いいえ、知りません。

　　　　아니요. 모릅니다.

　　　　× 知っていません。

2　(명사)をしている

④ ～をしている ~를 하고 있다(상태)

색이나 상태에 대해 표현할 때 사용한다.

① 星の形をしているマグカップがほしいです。

　별 모양을 하고 있는 머그컵을 갖고 싶습니다.

② 田中さん、今朝は少し暗い顔をしていました。

　다나카씨, 오늘 아침은 조금 어두운 얼굴을 하고 있었습니다.

③ 赤い顔をしていますよ。だいぶお酒を飲みましたね。

　얼굴이 붉어요. 꽤 술을 마셨군요.

1. 다음 질문의 대답으로서 가장 적절한 것을 하나 고르시오.

> すずきさんの電話番号を知っていますか。
>
> 스즈키 씨의 전화번호를 알고 있나요?

① 知りません。　　　　　　② 知っていません。

③ 知ります。　　　　　　　④ 知りています。

2. 문장이 가장 적절한 것을 하나 고르시오.
   ① 今、北海道では雪が降っています
   ② こどもたちは庭で遊んでいます。
   ③ 父は部屋で新聞を読むでいます。
   ④ 赤ちゃんが泣きています。

3. 다음 문장을 읽고, (　) 안의 동사를 적당한 형태로 바꾸세요.

> 私は、塾で英語を(　①教える　)。生徒のほとんどが社会人です。
>
> みんな仕事が(　②終わる　)から、授業を受けに来ます。
>
> 土曜日と日曜日も授業を(　③やる　)。みんな熱心に(　④勉強する　)。
>
> 私はこの塾で10年間、(　⑤働く　)。やりがいのある仕事です。
>
> 나는 학원에서 영어를(① 가르치고 있습니다). 학생 대부분이 사회인입니다.
>
> 모든 사람이 일이 (② 끝나고) 나서 수업을 받으러 옵니다.
>
> 토요일과 일요일도 수업을 (③ 하고 있습니다). 모두 열심히 (④ 공부하고 있습니다).
>
> 나는 이 학원에서 10년간 (⑤ 일을 하고 있습니다). 보람 있는 일입니다.

① _____　　② _____

③ _____　　④ _____

⑤ _____

4. 다음 문장을 읽고, ( ) 안의 동사를 적당한 형태로 바꾸세요.

私が(①務める)会社を紹介します。私の会社は文房具を(②作る)。
300人が(③働く)。ほとんどの文房具屋で私の会社の文房具を(④売る)。
私の会社には色々な規則があります。9時半には会社に(⑤来る)なければなりま
せん。
私は毎日9時には会社に来て、仕事を始めています。
残業を(⑥する)もいいですが、夜9時半には帰らなければなりません。

내가 (①일하는) 회사를 소개하겠습니다. 우리 회사는 문방구를(② 만들고 있습니다).

300명이 (③ 일을 하고 있습니다). 대부분 문방구에서 우리 회사의 문방구를 (④ 팔고 있습니다).

나의 회사에는 여러 가지 규칙이 있습니다. 9시 반에 회사에 (⑤ 오지) 않으면 안 됩니다.

나는 매일 9시에는 회사에 와서 일을 하고 있습니다.

잔업을(⑥ 해)도 좋지만 밤 9시 반에는 돌아가지 않으면 안 됩니다.

① _____   ② _____

③ _____   ④ _____

⑤ _____   ⑥ _____

作文してみよう！

「〜ています 〜하고 있습니다(상태)」를 이용하여 작문해 보세요.

_____

_____

_____

_____

다음 문장을 일본어로 써 보세요.

① 저는 서울에 살고 있습니다.

　➡ _____

② 영화가 벌써 시작되고 있습니다.

　➡ _____

③ 가게가 닫혀 있습니다.

　➡ _____

④ 지금 친구가 놀러 와 있습니다.

　➡ _____

⑤ 키가 크고, 안경을 쓰고 있는 사람이 스즈키 씨입니다.

　➡ _____

핵심문법 3 계속동사(継続動詞)와 순간동사(瞬間動詞)

　동사가 계속동사(継続動詞)인지 순간동사(瞬間動詞)인지에 따라 「ている」의 용법이 달라진다.

---

1 계속동사(継続動詞)

그 동작을 하는데 어느　정도 시간이 필요한 동작을 나타내는 동사를 말한다.

예) 歩_{ある}く(걷다)　　　　降_ふる(내리다)
　　読_よむ(읽다)　　　　食_たべる(먹다)

飲む(마시다)　　　　　待つ(기다리다)
勉強する(공부하다)

* 계속동사＋ている : 진행이나 습관, 반복, 직업을 나타낸다.

① 今、田中さんとコーヒーを飲んでいます。

　지금, 다나카 씨와 커피를 마시고 있습니다.

② 毎朝、新聞を読んでいます。

　매일 아침 신문을 읽고 있습니다.

③ 大学で日本語を勉強しています。

　대학에서 일본어를 공부하고 있습니다.

2 순간동사(瞬間動詞)

동작이나 사건이 순간적으로 완료되는 동사를 말한다.
「~ている」형태가 되면 동작이나 사건이 완료되어 그 결과가 남아 있는 상태를 나타낸다.
(예 ドアが開いている。 문이 열려 있다.)

　* 순간동사＋ている : 결과상태의 지속을 나타낸다.
　순간 동사에는 1) 재귀(再帰)동사, 2) 이동 동사, 3) 위치 변화, 4) 사회적 변화, 5) 물질의
상태 변화를 나타내는 동사가 있다.

1) 재귀(再帰)동사

예) 着る(입다), 脱ぐ(벗다), はく(신다), 持つ(가지다) 등

ぼうしをかぶる	→ ぼうしをかぶって	います。	모자를 쓰고 있습니다.
めがねをかける	→ めがねをかけて	います。	안경을 쓰고 있습니다.
スーツを着る	→ スーツを着て	います。	정장을 입고 있습니다.
ネクタイをする。	→ ネクタイをして	います。	넥타이를 매고 있습니다.
ハイヒールをはく。	→ ハイヒールをはいて	います。	하이힐을 신고 있습니다.
かばんを持つ。	→ かばんを持って	います。	가방을 들고 있습니다.

2) 이동 동사

예) 行く(가다), 来る(오다), 帰る(돌아오다), 出る(나가다), 入る(들어오다), 出かける(외출하다) 등

「이동 동사 + ている」는 이동 결과, 이동 장소에 있는 것을 나타낸다.

入る   →   かばんに入って   います。   가방에 들어 있습니다.

来る   →   友達が来て   います。   친구가 와 있습니다.

3) 위치 변화

예) 座る(앉다), 立つ(서다), 乗る(타다), 起きる(일어나다), 寝る(자다) 등

いすに座る。   →   いすに座って   います。   의자에 앉아 있습니다.

バスに乗る。   →   バスに乗って   います。   버스를 타고 있습니다.

4) 사회적 변화

예) 結婚する(결혼하다), 就職する(취직하다), 卒業する(졸업하다), 入院する(입원하다) 등

結婚する。   →   結婚して   います。   결혼했습니다.

大学を卒業する。   →   大学を卒業して   います。   대학교를 졸업했습니다.

5) 물질의 상태 변화

예) 開く(열리다), 閉まる(닫히다), 乾く(마르다), 消える(사라지다), 死ぬ(죽다), 止まる(멈추다), 太る(살찌다), 落ちる(떨어지다), 集まる(모이다), 生まれる(태어나다) 등

開く   →   ドアが開いて   います。   문이 열려 있습니다.

閉まる   →   ドアが閉まって   います。   문이 닫혀 있습니다.

Tip 한국어와 다른 동사의 시제 -계속동사(継続動詞)와 순간동사(瞬間動詞) -

1) 계속동사+ている의 경우, 시제는 현재(지금)를 나타낸다.

飲む	→	飲んでいる	→	飲んだ
마신다	→	마시고 있다	→	마셨다
〈미래〉		〈현재〉		〈과거〉

예) **コーヒーを飲ん**でいます。… 진행

　　커피를 마시고 있습니다.

2) 순간동사+ている의 경우, 사건이 일어난 후를 나타낸다.

割れる	→	割れた	→	割れている
깨진다	→	깨졌다	→	깨져있다
〈미래〉		〈현재〉		〈과거〉

つく	→	つけた	→	ついている
켠다	→	켰다	→	켜져 있다
〈미래〉		〈현재〉		〈과거〉

예) **ガラスが割れ**ています。… 상태

　　유리가 깨져있습니다.

예) **電気がつい**ています。… 상태

　　전기가 켜져 있습니다.

[문장연습 쓰기노트]　　　　　　　　　　　　　　　　　　　　　정답 311쪽

다음 문장을 일본어로 써 보세요.

① 검정 코트를 입고 있습니다.

　➡ _____

② 어머니는 지금 외출 중이십니다.

    ➡ _____

③ 여동생은 아직 자고 있습니다.

    ➡ _____

④ 형은 일본 대학을 졸업했습니다.

    ➡ _____

⑤ 모두 벌써 모여 있습니다.

    ➡ _____

✏️ ひと言

계속동사와 순간동사

순간동사는 동작이 이어지는 것이 아니라 순간에 완료되는 동작을 말한다.

예를 들어, '座る 앉다'는 의자에 닿는 순간 '앉다'라는 동작이 완료된다.

반면, 계속동사는 예를 들어, '歩く 걷다'는 한 발작 땅에 닿는 순간을 말하지 않고, 한 발작 한 발작 걷는 동작이 계속 되는 것을 의미한다.

계속동사에 「ている」가 붙으면, 진행을 나타낸다.

    公園を歩いています。 공원을 걷고 있습니다.

반면, 순간동사에 「ている」가 붙으면, 그 상태가 계속 이어지고 있는 것을 나타낸다.

    いすに座っています。 의자에 앉아 있습니다.

▌ **身体** 신체

- ぺこぺこ 배가 몹시 고픔
  おなかぺこぺこだ。
  배가 몹시 고프다.

- からから 바싹 말라 물기가 없는 모양. 목이 몹시 마름.
  のどがからからだ。
  목이 바싹 말랐다.

- がんがん 지끈찌끈, 욱신욱신
  <ruby>頭<rt>あたま</rt></ruby>ががんがんする。
  머리가 지끈지끈하다.

- むかむか 메슥메슥, 울컥
  <ruby>胃<rt>い</rt></ruby>がむかむかする。
  위가 메슥메슥하다.

- ひりひり 따끔따끔, 얼얼
  <ruby>転<rt>ころ</rt></ruby>んで<ruby>傷口<rt>きずぐち</rt></ruby>がひりひりする。
  넘어져서 생긴 상처가 따끔따끔하다.

- ぶるぶる 부들부들
  <ruby>子供<rt>こども</rt></ruby>たちが<ruby>寒<rt>さむ</rt></ruby>そうにぶるぶる<ruby>震<rt>ふる</rt></ruby>えている。
  어린이들이 추운 듯이 부들부들 떨고 있다.

- げっそり 홀쭉
  <ruby>病気<rt>びょうき</rt></ruby>でげっそりやせた。
  아파서 홀쭉하게 야위었다.

제14장

가능표현

시작하기

✿ 학습 내용

가능표현(可能表現)에 대해 배운다.

✿ 학습 목표

가능 표현을 사용한 문장을 쓸 수 있다.

퀴즈

정답 312쪽

다음 문장을 일본어로 써 보세요.

1. 일본어는 할 수 있지만, 영어는 못해요.

　➡ _____

2. 오늘은 다나카 씨를 만날 수 없었습니다.

➡ _____

3. 휴일은 느긋하게 쉴 수 있었습니까?

➡ _____

4. 여름방학 중에 책을 몇 권 읽을 수 있었습니까?

➡ _____

5. 내일 10시까지 올 수 있습니까?

➡ _____

단어

ゆっくり	천천히, 느긋하게
本場	본고장
ピアノを弾く	피아노를 치다
字	글자
平泳ぎ	평영
100メートル	100미터
辛いもの	매운 음식
作成する	[동3] 작성하다
宿題	숙제
レポート	리포트

倒<ruby>たお</ruby>れる	[동2] 쓰러지다, 넘어지다
壊<ruby>こわ</ruby>れる	[동2] 부서지다
割<ruby>わ</ruby>れる	[동2] 깨지다
館内<ruby>かんない</ruby>	관내
当日<ruby>とうじつ</ruby>	당일
チケット	표, 티켓
～以下<ruby>いか</ruby>　⇔　～以上<ruby>いじょう</ruby>	～이하 ⇔ ～이상
入場<ruby>にゅうじょう</ruby>	입장
やる気<ruby>き</ruby>	의욕
次第<ruby>しだい</ruby>	～하기 나름
公園内<ruby>こうえんない</ruby>	공원 안
バイク	오토바이
立<ruby>た</ruby>ち入<ruby>い</ruby>り禁止<ruby>きんし</ruby>	출입 금지
予約<ruby>よやく</ruby>を取<ruby>と</ruby>る	예약을 잡다
小<ruby>ちい</ruby>さなお子様<ruby>こさま</ruby>	어린 자제분
乗<ruby>の</ruby>り物<ruby>もの</ruby>に乗<ruby>の</ruby>る	놀이기구를 타다
窓<ruby>まど</ruby>	창문
新幹線<ruby>しんかんせん</ruby>	신칸센
富士山<ruby>ふじさん</ruby>	후지산
頂上<ruby>ちょうじょう</ruby>	정상
旅館<ruby>りょかん</ruby>に泊<ruby>と</ruby>まる	여관에 묵다

학습하기

핵심문법 1 가능동사(동사의 가능형)

가능표현(**可能表現**)이란, 사건의 가능성을 나타내는 표현이다.

1 **동사 가능형 만드는 법**

1그룹 동사 : 어미를 「**え**」단으로 바꾸고 「**る**」를 붙인다.

会う	만나다	→	会える	만날 수 있다
読む	읽다	→	読める	읽을 수 있다
切る	자르다	→	切れる	자를 수 있다
話す	말하다	→	話せる	말할 수 있다
泳ぐ	헤엄치다	→	泳げる	헤엄칠 수 있다

2그룹 동사 : 어미 「**る**」를 떼고, 「**られる**」를 붙인다.

見る	보다	→	見られる	볼 수 있다
食べる	먹다	→	食べられる	먹을 수 있다
着る	입다	→	着られる	입을 수 있다
出る	나오다	→	出られる	나올 수 있다
借りる	빌리다	→	借りられる	빌릴 수 있다

3그룹 동사 :

| 来る | 오다 | → | 来られる | 올 수 있다 |
| する | 하다 | → | できる | 할 수 있다 |

Tip 가능동사는 <u>2그룹 동사</u> 활용을 한다.

예) 숲える 만날 수 있다

ます형 : 숲えます 만날 수 있습니다.

ない형 : 숲えない 만날 수 없다.

て형 : 숲えて 만날 수 있어서

① ひらがなは書けますが、漢字は書けません。

　히라가나는 쓸 수 있지만, 한자는 쓸 수 없습니다.

② 学校に来られない日を教えてください。

　학교에 올 수 없는 날은 알려주십시오.

③ 本場の韓国料理が食べられてうれしかったです。

　본고장 한국 요리를 먹을 수 있어서 기뻤습니다.

2　조사(助詞)

1) 가능표현은 목적적 조사 「を」 대신에 「が」를 쓰는 것이 일반적이다.

① ピアノを弾く。　→　ピアノが弾ける。

　피아노를 치다　　　　피아노를 칠 수 있다.

② 漢字を書く。　→　漢字が書ける。

　한자를 쓰다　　　　한자를 쓸 수 있다

③ 日本語を話す。 →　日本語が話せる。

　일본어를 말하다　　　일본어를 말할 수 있다

Tip 목적적 조사 「を」 대신에 「が」를 쓰는 것이 일반적이지만, 「を」를 쓸 경우도 있다. 예를 들어, 목적어와 동사 사이에 다른 요소가 들어갈 경우 「を＋가능 동사」를 쓰는 경향이 있다.

예) 先週買った本を明日貸せます。

　지난 주 산 책을 내일 빌려 줄 수 있습니다.

예) 漢字を300字覚えられました。

한자를 300글자 배울 수 있습니다.

2) 「分かる」(알다), 「できる」(가능하다)는 「を」가 아닌 「が + 가능 동사」를 쓴다.

① 日本語が分かる。

일본어를 알다.

② 日本語ができる。

일본어가 가능하다.

* 「を」이외의 조사는 그대로 쓴다.

① 田中さんに会う。 →　田中さんに会えましたか。

다나카 씨를 만날 수 있었습니까?

② 先生と話す。 →　先生と話せた。

선생님과 이야기 할 수 있었다.

의미

1) 기술적, 신체적인 능력을 나타낸다.(「~ことができる」로 대체할 수 있다.)

① 平泳ぎで100メートル泳げます。

평형으로 100미터 수영할 수 있습니다.

② 辛いものが食べられます。

매운 것을 먹을 수 있습니다.

③ 日本語で書類が作成できます。

일본어로 서류를 작성할 수 있습니다.

2) 규칙이나 상황에 따라 가능해 지는 것을 나타낸다.(「~ことができる」로 대체할 수 있다.)

① 先週買った本を明日貸せます。

지난 주 산 책을 내일 빌려줄 수 있습니다.

② 9時までに行けます。

  9시까지 갈 수 있습니다.

③ 卒業式に参加できます。

  졸업식에 참가 가능합니다.

3) 완료를 나타낸다. (「〜ことができる」로 대체할 수 없다.)

① 宿題は全部できました。

  숙제는 전부 했습니다.

② 全部食べられた人から移動してください。

  전부 먹은 사람부터 이동해 주십시오.

③ レポートを全部書けました。

  리포트를 전부 썼습니다.

⚘ Step up もう一歩

　자동사와 가능동사가 같은 형태인 경우가 있으므로 주의 할 것. 가능 동사의 경우는 「~することができる」로 치환할 수 있지만, 자동사(自動詞)의 경우는 치환할 수 없다.

　「売る」의 가능형 「売れる」 '팔 수 있다'

　자동사(自動詞) 「売れる」 '팔리다'

　예) ショートケーキが一番(いちばん)よく売れます。 (자동사)

　　쇼트케이크가 가장 잘 팔립니다.

　「切る」의 가능형 「切れる」 '자를 수 있다'

　자동사(自動詞) 「切れる」 '잘리다'

　예) このはさみがよく切れます。 (자동사)

　　이 가위가 잘 잘립니다.

① 今年は、エアコンがよく<u>売れた</u>。(자동사)

올해는 에어컨이 잘 팔렸다.

× 今年は、エアコンがよく<u>売る</u>ことができた。

② 駅の構内で許可なく物を売れません。(가능형)

역 안에서 허가 없이 물건을 팔 수 없습니다.

○ 駅の構内で許可なく物を<u>売る</u>ことができません。

③ この包丁は、よく<u>切れる</u>から注意して。(자동사)

이 칼은 잘 드니까 주의해요

× この包丁は、よく<u>切る</u>ことができるから注意して。

④ りんごをうさぎの形に切れますか。(가능형)

사과를 토끼모양으로 자를 수 있나요?

○ りんごをうさぎの形に<u>切る</u>ことができますか。

4 「ら」ぬきことば (ら생략어형)

    2그룹 동사와 「来る오다」의 가능형에서 「ら」를 생략하는 경향이 있다. 이것을 「ラ抜きことば」(ら생략어형)이라고 부른다.

〈2그룹 동사〉

見られる 볼 수 있다   →   **見れる**

食べられる 먹을 수 있다 →   **食べれる**

〈来る〉

来られる 올 수 있다   →   **来れる**

  ① **私はどこでも寝れます。**   (**寝られます**)

    저는 어디서든 잘 수 있습니다.

  ② **朝9時までに来れますか。** (**来られますか**)

    아침 9시까지 올 수 있습니까?

5 가능형이 없는 동사

1) 무의지 동사(無意志動詞)

    가능형을 만들 수 있는 것은 의지(意志)동사이다. 무의지(無意志)동사는 가능형을 만들 수 없다.

  예) **ある** 있다   → ×**あれる**

      倒れる 쓰러지다   → ×**倒れられる**

      壊れる 부서지다   → ×**壊れられる**

      割れる 깨지다   → ×**割れられる**

2) 分かる 알다

「分かる 알다, 이해하다」는 이미 가능의 의미가 함축되어 있으므로 가능형으로 쓰지 않는다.

예) **日本語が分かる。** 일본어를 안다.

✎ 作文してみよう！ ─────────────────────────── ○

가능 동사를 이용하여 작문해 보세요.

_____

_____

_____

_____

[문장연습 쓰기노트]   정답 312쪽

다음 문장을 일본어로 써 보세요.

① 관내에서는 사진을 찍을 수 없습니다.
   단어 **館内** 관내

   ➡ _____

② 당일, 티켓은 살 수 없습니다.
   단어 **当日** 당일, **チケット** 티켓

   ➡ _____

③ 초등학생 이하는 입장할 수 없습니다.
   단어 **小学生以下, 入場**

   ➡ _____

④ 언제까지 빌릴 수 있습니까.

　　단어 借りる

　➡ _____

⑤ 가르칠 수 있는 일은 다 가르쳤습니다. 다음은 본인이 하기 나름입니다.

　　단어 教える 가르치다, 後は 다음은, 本人 본인, やる気次第 하기 나름

　➡ _____

핵심문법 2 ~ができます

④ 〜ができます ~를 할 수 있습니다.

・ 명사＋ができます　（외국어, 악기, 스포츠 등）

　① 日本語ができます。

　　일본어를 할 수 있습니다.

　② 運転ができます。

　　운전을 할 수 있습니다.

　③ 逆立ちができます。

　　물구나무서기를 할 수 있습니다.

④ 〜ことができます ~할 수 있습니다.

・ 동사 보통형＋ことができます

　가능 동사를 「~ことができる　~할 수 있다」로 바꿀 수 있다. 「~を~することができる」 형태
가 된다.

　① 英語が話せます。 영어를 말할 수 있습니다.

　　＝英語を話すことができます。

② 漢字が書けます。 한자를 쓸 수 있습니다.

＝漢字を書くことができます。

「ことができる」는 설명적, 형식적인 뉘앙스가 있다. 제3자를 객관적으로 서술 할 때에 사용되는 경향이 있다. 또, 조사나 다른 단어가 올 때 자주 쓰인다.

① キムさんは日本語を読むことも書くこともできます。

김씨는 일본어를 읽는 것도 쓰는 것도 가능합니다.

② 日本語で書くことはできますが、英語(で書くこと)はできません。

일본어로 쓰는 것은 가능하지만, 영어(로 쓰는 것)는 불가능합니다.

Tip 「~ことができる」는 동사의 가능형과 같은 의미로 쓰이나, '3동사 가능형의 의미' 중 '3) 완료'의 의미로는 쓰지 않는다.

✎ 作文してみよう！ ─────────────────────────○

「~ができます ~를 할 수 있습니다」를 이용하여 작문해 보세요.

_____

_____

_____

「~ことができます　~할 수 있습니다」를 이용하여 작문해 보세요.

_____

_____

_____

다음 문장을 일본어로 써 보세요.

① 영어 할 줄 아십니까?

　➡ _____

② 공원 내에서 자전거는 탈 수는 있지만 오토바이는 출입 금지입니다.
　단어　公園内 공원 내, バイク 오토바이, 立ち入り禁止 출입 금지

　➡ _____

③ 관내에서는 사진을 찍거나 전화를 하는 것은 할 수 없습니다.
　단어　館内 관내

　➡ _____

④ 여관은 예약을 하지 않고 묵는 것은 불가능합니다.
　단어　旅館 여관, 予約を取る 예약을 잡다, 泊まる 묵다

　➡ _____

⑤ 어린 자녀분은 회장에 입장할 수는 있지만 탈 것에 타지는 못합니다.
　단어　小さなお子様 어린 자녀분, 会場 회장, 入場 입장, 乗り物 탈 것

　➡ _____

핵심문법 3　「見える 보이다」와 「聞こえる 들리다」

- 명사＋が見える

「見える 보이다」는 의지와는 관계없이 자연적으로 보이는 것, 자발적인 것을 나타내는 반면, 「見られる 볼 수 있다」는 주체가 보려고 하는 의지가 실현된 것을 나타내며, 가능성에 중점을 둔 표현이라고 할 수 있다.

① 窓から海が見える。

창문에서 바다가 보인다.

② ここから海が見られる。

여기에서 바다를 볼 수 있다.

　②는 화자가 「ここから」'여기에서'라고 하는 조건하에서, 가능성으로써 '바다를 볼 수 있다'라고 판단한 경우이다.

　・ 명사+が聞こえる

　「聞こえる 들리다」는 의지와는 관계없이 자연적으로 보이는 것, 자발적인 것을 나타내는 반면, 「聞ける 들을 수 있다」는 주체가 들으려고 하는 의지가 실현된 것을 나타내며, 가능성에 중점을 둔 표현이라고 할 수 있다.

③　×外から子供たちの声が聞ける。
　　○外から子供たちの声が聞こえる。

밖에서 아이들의 목소리가 들린다.

④ ここは日本のラジオが聞ける。

여기는 일본 라디오를 들을 수 있다.

　④는 화자가 「ここ」'여기'라고 하는 조건하에서, 가능성으로써 '일본 라디오를 들을 수 있다.'라고 판단한 경우이다.

作文してみよう！

　「～が見える　～가 보이다」를 이용하여 작문해 보세요.

_____

_____

_____

「～が聞こえる ～가 들리다」를 이용하여 작문해 보세요.

_____

_____

_____

다음 문장을 일본어로 써 보세요.

①신칸센에서 후지산이 잘 보였습니다.

　　단어　新幹線 신칸센, 富士山 후지산

➡ _____

②오늘은 밖으로부터 아이들의 목소리가 들리지 않았습니다.

　　단어　声 목소리

➡ _____

「ところ」와 「ばしょ」

「ところ」와 「ばしょ」는 장소라는 뜻으로 쓰일 때는, 엄밀히 구별하지 않고 바꿔 쓸 수 있는 경우가 많다. 말할 때 문장의 리듬이 자연스러운 쪽을 선택하기도 한다. 또한, 정확한 장소가 아닌 추상적인 것에는 「ところ」를 쓰는 경향이 있다.

예를 들어 다음 1,2번 문장에서 「ところ」가 가리키는 장소는 막연하다.

> 1 ここのところがよく分かりません。
>
> (책 내용 중에) 이 쯤이 잘 모르겠습니다.
>
> 2 うでのつけねのところが痛いです。
>
> 어깻죽지 쪽이 아픕니다.

「ところ」는 「こと」나 「もの」와 같이 机(책상), 学校(학교) 등과 같은 실질적인 의미를 가지지 않고 문장에서 여러가지 문법적 역할을 한다. 이러한 「ところ, こと, もの」와 같은 명사를 '형식명사(形式名詞)'라고 부른다. 그래서 「ところ」는 장소 말고도 문장에 따라 시간이나 추상적인 상황도 나타낼 수가 있다.

1. 다음 ( )안의 동사를 <u>가능형</u>으로 고쳐 쓰시오.

① おはしは(使_{つか}う) _____

젓가락은 쓸 수 있습니까?

② 辛_{から}いものも(食_たべる) _____

매운 것도 먹을 수 있습니까?

③ 駅_{えき}まで歩_{ある}いて(行_いく) _____

역까지 걸어서 갈 수 있습니까?

④ ほしかったものを全部_{ぜんぶ}(買_かう) _____

갖고 싶었던 것을 전부 살 수 있었습니다.

⑤ 行_いきたかった旅館_{りょかん}に(泊_とまる) _____

가고 싶었던 여관에서 묵을 수 있었습니다.

⑥ 頂上_{ちょうじょう}まで(登_{のぼ}る) _____

정상까지 오를 수 있었습니다.

2. 다음 중, 동사의 가능형이 틀린 것은 몇 번입니까? 틀린 것은 올바르게 고쳐 쓰시오.

① 一人_{ひとり}で地下鉄_{ちかてつ}に乗_のられますか。

혼자서 지하철을 탈 수 있습니까?

② 学校_{がっこう}まで来_こられますか。

학교까지 올 수 있습니까?

③ この本_{ほん}は借_かりられますか。

이 책은 빌릴 수 있습니까?

④ コンビニでまんがが買_かえられます。

편의점에서 만화를 살 수 있다.

제15장

복습 2

시작하기

❀ 학습 내용

　9-14과에서 배운 내용 복습.

단어

行き方 _{かた}	가는 법
先 _{さき}	앞, 먼저
ちこくする	[동3] 지각 하다
夜中 _{よなか}	밤 중

交差点 こうさてん	교차로
わたる	[동1] 건너다
船 ふね	배
離れ島 はな じま	외딴 섬
このごろ	요즘
真面目 まじめ	착실함, 성실함
値段 ねだん	가격
動く うご	[동1] 움직이다
番号 ばんごう	번호
消しゴム け	지우개
ボールペン	볼펜
辞書 じしょ	사전
新聞 しんぶん	신문
雑誌 ざっし	잡지

Ⅰ. JLPT N5 문장연습 쓰기노트

다음 한국어 문장을 일본어로 바꾸시오.

① 내일은 아침 9시까지 와 주세요.

➡ _____

② 역에서 학교까지 가는 법을 가르쳐주십시오.

➡ _____

③ 내일은 늦지 말아 주십시오.

➡ _____

④ 이사를 도와주지 않겠습니까?

➡ _____

⑤ 역에서 가까워서 편리합니다.

➡ _____

Ⅱ. JLPT N4 문장연습 쓰기노트

다음 한국어 문장을 일본어로 바꾸시오.

① 다나카 씨를 보내고 나서 바로 가겠습니다.

➡ _____

② 가게에 예약하지 않고 가버렸습니다.

➡ _____

③ 기다리지 않아도 괜찮아요. 먼저 가세요.

➡ _____

④ 버스가 늦어서 지각해버렸습니다.

➡ _____

⑤ 안경을 쓰고 있는 사람이 다나카 씨입니다.

➡ _____

⑥ 스즈키 씨에게 물어 보겠습니다.

➡ _____

⑦ 비가 내리고 있네요. 우산은 가지고 있습니까?

➡ _____

⑧ 편의점은 밤중에도 열려있습니다.

➡ _____

⑨ 내일 다나카 씨에게 연락 해 보겠습니다.

➡ _____

⑩ 스즈키 씨는 서울에서 살고 있습니다.

➡ _____

Ⅲ. 조사 복습

1. 다음 밑줄 친 부분에 적당한 격조사(格助詞)를 넣으시오.

① 駅は、交差点＿＿＿わたって右にあります。
역은 교차로를 건너서 오른쪽에 있습니다.

② 船で離れ島＿＿＿わたりました。
배로 외딴 섬으로 건너갔습니다.

③ 彼＿＿＿＿結婚する。

그와 결혼한다.

④ 彼女＿＿＿＿電話番号を教えました。

그녀에게 전화번호를 가르쳐줬습니다.

2. 다음 (　　　)안에「だけ」와「しか」둘 중 하나를 써 넣으시오.

① 妹はパン(　　　　　　　)食べません。

여동생은 빵 밖에 먹지 않습니다.

② 妹はパン(　　　　　　　)食べます。

여동생은 빵만 먹습니다.

3. 다음 (　　　)안에「に」가 들어갈 곳을 하나 고르시오.

① 明日(　　　)友達と会います。

내일 친구와 만납니다.

② このごろ(　　　)仕事が忙しいです。

요즘 일이 바쁩니다.

③ 夕食は 6 時(　　　)食べましょう。

저녁은 6시에 먹읍시다.

1. 문장이 올바르지 않는 것을 하나 고르시오.

　① 大きいでなくて小さいかばんです。

　② 休みは今日ではなくて明日です。

　③ すずきさんは真面目で親切な人です。

　④ 明るくておもしろい人が好きです。

2. 문장이 올바르지 않는 것을 하나 고르시오.

　① 忙しくて旅行に行けませんでした。

　② 道が分からないで遅くなりました。

　③ 調子が良くなくて参加できませんでした。

　④ 安くなくて買えませんでした。

3. 문장이 올바르지 않는 것을 하나 고르시오.

　① 電車がなくて歩いてきました。

　② かぎをかけないで家を出てきてしまいました。

　③ 漢字が読めないで困りました。

　④ 田中さんから連絡がなくて心配です。

4. 문장이 올바르지 않는 것을 하나 고르시오.

　① 値段が少し高いでもいいです。

　② 今日は、お風呂に入ってもかまいません。

　③ 日本語が下手でもいいです。

　④ お昼はパンでもかまいません。

5. 문장이 올바르지 않는 것을 하나 고르시오.

　① たばこを吸わないでくれませんか。

　② ちょっと見せってくれませんか。

③ 電気をつけないでくれませんか。

④ ここで電話をしないでくれませんか。

6. 「笑う」의 형태를 바꾸어 문장을 완성시키시오.

(　　　　　　　　　)みてください。

7. 「動く」의 형태를 바꾸어 문장을 완성시키시오.

(　　　　　　　　　)ないでください。

8. 다음 글을 읽고 내용과 맞지 않은 것을 하나 고르시오.

日本語の試験

1. 8時30分までに教室に入ってください。

2. 机の番号を見て、あなたの番号のところに座ってください。

3. えんぴつと消しゴムだけ机の上に置いてください。

4. 「問題」は全部で9枚あります。一番上の紙にあなたの番号と名前を書いてください。

5. 答えはえんぴつで書いてください。ボールペンは使わないでください。

---

① 8時30分までに教室へ来なければなりません。

② 「問題」の紙にあなたの番号は書かなくてもいいです。

③ 机の番号を確認して、座ります。

④ 答えはえんぴつで書かなければなりません。

9. 다음 글을 읽고 내용과 맞지 않은 것을 하나 고르시오.

こども図書館

・本は2週間、借りられます。

・辞書と新聞と新しい雑誌は借りられません。

・図書館の本をコピーすることができます。

---

① 古い雑誌を借りることができます。

② 本は2週間、借りることができます。

③ 図書館の本をコピーしてはいけません。

④ 辞書と新聞は借りることができません。

정답 및 해설

일본어 문자와 발음

Quiz !

1. **タクシー** Taxi
2. **バス** Bus
3. **パソコン** PC
4. **サンダル** Sandals
5. **ヨーグルト** Yogurt

제1장 명사

퀴즈

1. 誕生日は、いつですか。
2. 誕生日は、4月9日(しがつ　ここのか)です。
3. 明日は、休みです。
4. このかさは、だれのですか。
5. 田中さんのです。

핵심문법 1　문장연습 쓰기노트

1. ① 何月何日ですか。
② 何曜日ですか。
③ 誕生日はいつですか。
④ 誕生日は9月20日(くがつはつか)です。
2. ① さんがつ　みっか
②しがつ　ふつか
③ ごがつ　いつか
④ ろくがつ　よっか
⑤ くがつ　ついたち
3. ①何(　なん　)さいですか。
②何(　なん　)時ですか。
③何(　なん　)年生ですか。
④何(　なに　)学部ですか。

핵심문법 2　문장연습 쓰기노트

① 私は、学生です。
② 私は、学生ではありません。
③ 田中さんは、学生でした。
④ 田中さんは、学生ではありませんでした。

⑤ 今日は、休みです。　　　　　⑥ 今日は、休みではありません。

⑦ 昨日は、休みでした。　　　　⑧ 昨日は、休みではありませんでした。

핵심문법 3　문장연습 쓰기노트

① 小学生の男の子　　　　　　　② 次の日の朝

③ 机の上　　　　　　　　　　　④ このかばんは、山田さんのです。

⑤ 今日は私の誕生日です。　　　⑥ このいすは、学校のです。

⑦ この車は、父のです。

제2장　형용사

퀴즈

1. 今日は、忙しい日です。　　　2. 今日は、忙しかったです。

3. ソウルは交通が便利です。　　4. 景色がきれいでした。

5. 夏より冬の方が好きです。

핵심문법 1　문장연습 쓰기노트

① このお店のラーメンは、とてもおいしいです。　② 今日は、あまり暑くありません。

③ 昨日の映画はとてもおもしろかったです。　　　④ 日本は、思ったより寒くありませんでした。

핵심문법 2　문장연습 쓰기노트

① 毎週土曜日は一日中ひまです。　　　② 交通は、あまり便利ではありません。

③ 中間試験は、思ったより簡単でした。　④ あまりきれいではありませんでした。

핵심문법 3　문장연습 쓰기노트

① 電車は、便利ですが、バスは不便です。　② 駅は、バス停より遠いです。

③ バスより自転車の方が便利です。　　　　④ バスと電車とどちらが便利ですか。

⑤ バス停は駅ほど近くありません。

제3장　동사

퀴즈

1. 毎朝7時に起きます。　　　　2. 今日は、学校に行きません。

3. 木村さんは会議に参加しません。　4. 友達は来ませんでした。

5. 仕事が早く終わりました。

핵심문법 1　문장연습 쓰기노트

1그룹 동사	2그룹 동사	3그룹 동사
切^きる 자르다 読^よむ 읽다 会^あう 만나다 着^つく 도착하다	開^あける　열다 信^{しん}じる　믿다	来^くる 오다 参加^{さんか}する 참가하다

핵심문법 2　문장연습 쓰기노트

① 朝6時に出発します。
② 仕事は5時に終わります。
③ 朝ごはんは、食べません。
④ お酒は飲みません。
⑤ 昨日は友達と映画をみました。
⑥ 今日は雨が降りませんでした。

핵심문법 3　문장연습 쓰기노트

① 昨日^{きのう}は早^{はや}く寝^ねました。
② 友達^{ともだち}が遅^{おそ}く来^きました。
③ 部屋^{へや}をきれいにしました。
④ 彼^{かれ}は日本語^{にほんご}を上手^{じょうず}に話^{はな}します。

제4장 동사 응용 표현 1

퀴즈

1. 日本に一度も行ったことがありません。
2. 日本に行きたいです。
3. 図書館へ本を借りに行きました。
4. 学校まで行くのにバスで1時間かかります。
5. 休みの日は、本を読んだり、音楽を聞いたりします。

핵심문법 1　문장연습 쓰기노트

① 海外^{かいがい}へ一度^{いちど}も行ったことがありません
② ときどき授業^{じゅぎょう}にちこくすることがあります。
③ たまに仕事^{しごと}が終^おわらないことがあります。
④ 週末は山^{やま}に登^{のぼ}ったり、映画を観^みたりします。
⑤ 朝^{あさ}ごはんは、食べたり食べなかったりします。

핵심문법 2　문장연습 쓰기노트

① 温かい飲み物がほしいです。
② 今ほしいものは何ですか。
③ 3時までには着きたいです。
④ 妹が私の服を着たがります。
⑤ 子供が歩きたがりません。

핵심문법 3　문장연습 쓰기노트

① 土曜日は映画を観に行きます。
② 週末は、親戚^{しんせき}の子供^{こども}が遊びに来ます。
③ アメリカに留学^{りゅうがく}するために、英語を勉強しています。

④ この辞書は、文章を書くのに役に立ちます。

⑤ このいすは、子供用に使っています。

퀴즈

1. 映画を見に行きませんか。　　2. この本は読んだ方がいいですよ。
3. 今週は土曜日も出勤しなければなりません。　　4. 明日は早く来なくてもいいです。
5. 急がなくてもいいです。

핵심문법 1　문장연습 쓰기노트

① 夕食を食べに行きましょうか。　　② コーヒーでも飲みに行きませんか。
③ 10時ごろ出発しましょうか。　　④ この本、貸しましょうか。
⑤ 3時に駅の前で会いましょう。

핵심문법 2　문장연습 쓰기노트

① もう少し待った方がいいですよ。　　② 9時には出発した方がいいですよ。
③ 辛いものを毎日食べない方がいいですよ。　　④ まだ話さない方がいいですよ。
⑤ 無理しない方がいいですよ。

핵심문법 3　문장연습 쓰기노트

① 今回の試験で１００点をとらなくてはいけません。
② 明日は６時に起きなければいけません。　　③ レシートを持ってこなくてはなりません。
④ シートベルトをしなければなりません。

핵심문법 4　문장연습 쓰기노트

① 韓国語は、できなくてもいいです。　　② 部屋は広くなくてもいいです。
③ 交通が便利でなくてもいいです。　　④ 場所は学校でなくてもいいです。
⑤ 空港まで迎えに行かなくてもかまいませんか。

핵심문법 5　문장연습 쓰기노트

① ちょっと部屋に来なさい。　　② ちゃんとあいさつしなさい。

③ 少し休みなさい。　　④ 最後までがんばりなさい。

핵심문법 6　문장연습 쓰기노트

① 証明写真を一枚、書類と一緒にください。　　② パンフレットをくれませんか。
③ 連絡先をいただけませんか。　　④ もう一枚いただけませんか。

퀴즈

1. 今日はとても楽しい日でした。　　　2. 日本はとてもきれいでした。
3. 彼の日本語は下手ではないですよ。(彼の日本語は下手じゃないですよ。)
4. 具合が悪い人がいました。　　　5. 去年は、雪が降らなかった。
6. 明日、友達が遊びに来ます。

핵심문법 1

1. 문장연습 쓰기노트

① 旅行します。여행합니다.　　　② 日本です。일본입니다.
③ 見ます。봅니다.　　　④ 映画です。영화입니다.

2. 문장연습 쓰기노트

① 旅行に行く{こと/の}が好きです。여행가는 것을 좋아합니다.

② ドライブする{こと/の}が好きです。드라이브하는 것을 좋아합니다.

③ 日本のまんがを読む{こと/の}が好きです。일본 만화를 읽는 것을 좋아합니다.

3. 문장연습 쓰기노트

① 大切なのは、相手の話をよく聞(くこと)です。

② 何よりも健康(なの)が一番大切です。

何よりも健康(であること)が一番大切です。

핵심문법 2　문장연습 쓰기노트

① 夏休みの計画を立てました。　　　② かぎをかけましたか。
③ 今日は調子が良かったです。　　　④ その日は、ちょっと用事があります。
⑤ 昨日はお風呂に入りませんでした。

핵심문법 3　문장연습 쓰기노트

① やさしい人が好きです。　　　② 目が良くないので、前の方に座ります。
③ ホテルの部屋が広かったです。　　　④ 交通が便利ではなかったので、大変でした。
⑤ 道がとてもきれいでした。

핵심문법 4　문장연습 쓰기노트

① しずかな人　　　② げんきな人
③ ゆうめいな人　　　④ びょうきの人
⑤ まじめな人　　　⑥ かぜの人

おさらい問題 1

[JLPT N5 문장연습 쓰기노트]

Ⅰ. 1, 2, 3과 복습

① 昨日は11時に寝た。　② 先週は忙しかったです。

③ 昨日は田中さんに会いませんでした。　④ 明日学校に来ますか。

⑤ キムさんは日本語がとても上手です。　⑥ 学校に今週は行きますが、来週は行きません。

Ⅱ. 4, 5과 복습

① 新しい車がほしいです。　② 夏休みは日本を旅行したいです。

③ 先生にあいさつしに行きませんか。　④ 漢字は覚えなければいけません。

⑤ 朝から雨が降ったり止んだりしています。

⑥ 日本で温泉に入ったり、おすしを食べたりしました。

[JLPT N4 문장연습 쓰기노트]

Ⅰ. 1, 2, 3과 복습

① 今日は昨日より調子がいいです。

② 火曜日より水曜日のほうが都合がいいです。

③ 袋は大きいのと小さいのとどちらがいいですか。

④ 母は父ほど厳しくありません。

⑤ 日本料理の中で何が一番好きですか。

Ⅱ. 4, 5과 복습

① 子供はいつもおかしをほしがります。　② 彼はいつも一人になりたがります。

③ 以前、京都の旅館に泊まったことがあります。　④ 明日は来なくてもいいです。

⑤ 私がソウルを案内しましょうか。　⑥ 試験は難しかったり簡単だったりします。

⑦ 田中さんは来たり来なかったりします。

Ⅲ. 단답형 문제

① 飲みます　② 休みます

③ します　④ 読みます

⑤ 食べますます

おさらい問題 2

[객관식 문제]

1. 〈정답〉 ①
   〈해설〉 ① 뜨거운 커피를 갖고 싶습니다.
   ② 昨日は寒い日でした。어제는 추운 날이었어요.
   ③ 気分が良くありません。(良くないです。) 기분이 좋지 않습니다.
   ④ 味が少し濃かったです。맛이 조금 진했습니다.

2. 〈정답〉 ②
   〈해설〉 ① 今日はひまです。오늘은 한가합니다.
   ② 그는 성실한 사람입니다.
   ③ 仕事が大変です。일이 힘듭니다.
   ④ 交通が不便です。교통이 불편합니다.

3. 〈정답〉 ③
   〈해설〉 ① 野菜をうすく切ります。야채를 얇게 썹니다.
   ② もう少しくわしく説明します。좀 더 자세하게 설명하겠습니다.
   ③ 김 씨는 일본어를 능숙하게 말합니다.
   ④ 昨日は十分に休みました。어제는 충분히 쉬었습니다.

4 〈정답〉 ④
   〈해설〉 ① 今年のソウルは寒かったです。올해 서울은 추웠습니다.
   ② 今日は体調が良かったです。오늘은 컨디션이 좋았습니다.
   ③ 今日は暖かかったです。오늘은 따뜻했습니다.
   ④ 오늘은 기분이 좋지 않습니다.

5. 〈정답〉 ①
   〈해설〉 ① 학생시절, 도쿄에 가본 적이 있습니다.
   ② 以前、東京に行ったことがあります。이전에 도쿄에 가본 적이 있습니다.
   ③ むかし、東京に行ったことがあります。옛날에 도쿄에 가본 적이 있습니다.
      東京に行ったことがありません。도쿄에 가본 적이 없습니다.
   ④ 子供のころ、東京に行ったことがあります。어렸을 적에 도쿄에 가본 적이 있습니다.

6. 〈정답〉 ②
   〈해설〉 ① 新しいパソコンはほしくない。새 컴퓨터는 갖고 싶지 않다.
   ② 새 컴퓨터를 갖고 싶습니다.
   ③ 新しいパソコンがほしかったです。새 컴퓨터를 갖고 싶었습니다.
   ④ 新しいパソコンはほしくありません。새 컴퓨터는 갖고 싶지 않습니다.

7. 〈정답〉 ④
   〈해설〉 ① 日曜日は本を読んだり、音楽を聞いたりしました。일요일에는 책을 읽거나 음악을 듣곤 하였습니다.
   ② 日曜日は友達に会ったり、散歩をしたりしました。일요일에는 친구를 만나거나 산책을 하곤 하였습니다.
   ③ 日曜日は子供と遊んだり、ドライブに行ったりしました。일요일에는 아이와 놀거나 드라이브 하러 가곤 하였습니다.
   ④ 일요일에는 쇼핑을 하거나 영화를 보곤 하였습니다.

8. 〈정답〉 ①
   〈해설〉 ① 친구를 만나러 갔습니다.
   ② 公園に遊びに行きました。공원에 놀러 갔습니다.

③ 夕食を食べに来ました。저녁을 먹으러 왔습니다.

④ 子供を迎えに来ました。아이를 데리러 왔습니다.

9. 〈정답〉 ②

〈해설〉 **会社に行くのに電車で50分かかります。**회사에 가는데 전차(OR전철)로 50분 걸립니다.

10. 〈정답〉 ③

〈해설〉 ③ 사진을 찍을까요?

"~ましょうか:는 내가 상대방에게 무엇인가 해주려고 할 때 사용하는 표현이다.

① **雨が降る。**(비가 내리다), ② **電話が鳴る。**(전화가 울리다), ④ **元気が出る。**(힘이 나다)는 모두 나의 의지로 하는 일이 아니다.

11. 〈정답〉 ④

〈해설〉 ④ 주말에 드라이브 하러 가지 않을래요?

"ませんか"는 "~하지 않겠습니까?" 라는 상대방을 배려한 권유 표현이다.

① **私がコピーしましょうか。**제가 복사 할까요?

② **家まで私が迎えに行きましょうか。**집까지 제가 데리러 갈까요?

③ **私が手伝いましょうか。**제가 도와드릴까요?

12. 〈정답〉 ②

〈해설〉 ① **かぎをかけた方がいいですよ。**자물쇠를 잠그는 편이 좋아요.

② 빨리 사과하는 편이 좋아요.

③ **たばこは吸わない方がいいですよ。**담배는 피우지 않는 편이 좋아요.

④ **早く起きた方がいいですよ。**일찍 일어나는 편이 좋아요.

13. 〈정답〉 ③

〈해설〉 ① **1時までに着かなければいけません。**1시까지 도착하지 않으면 안 됩니다.

② **部屋が明るくなければいけません。**방이 밝지 않으면 안 됩니다.

③ 회사로 돌아가지 않으면 안 됩니다.

④ **交通が便利でなければいけません。**교통이 편리하지 않으면 안 됩니다.

14. 〈정답〉 ④

〈해설〉 ① **漢字は覚えなくてもいいです。**한자는 외우지 않아도 됩니다.

② **急がなくてもいいです。**서두르지 않아도 됩니다.

③ **簡単でなくてもいいです。**간단하지 않아도 됩니다.

④ 새롭지 않아도 됩니다.

15. 〈정답〉 ①

〈해설〉 ① 불을 꺼라.

② **きちんと話しなさい。**정확히 말해봐라.

③ **しっかり食べなさい。**든든히 먹어라.

④ **ドアを閉めなさい。**문을 닫아라.

16. 〈정답〉 ②

〈해설〉 ① **私のしゅみはドライブをすることです。**제 취미는 드라이브를 하는 것입니다.

② 영화를 보는 것을 좋아합니다.

③ **計画を立てる{こと/の}が大切です。**계획을 세우는 것이 중요합니다.

④ **ピアノをひく{こと/の}が私のしゅみです。**피아노를 치는 것이 제 취미입니다.

17. 〈정답〉①

〈해설〉友達(ともだち)に会(あ)うために、来週東京(らいしゅうとうきょう)へ行(い)きます。친구를 만나기 위해 다음 주에 도쿄에 갑니다.

おさらい問題 3

[해석 문제]

1. 〈정답〉④

〈해설〉다나카 씨가 박 씨에게 편지를 썼습니다.

> 박 씨에게
>
> 이번 주는 일이 많습니다.
> 토요일과 일요일도 바쁩니다.
> 다음 주 월요일이 가장 상황이 좋습니다.

질문: 다나카 씨는 언제 시간이 되나요?
① 이번 주 　　　　　　　　② 토요일
③ 일요일 　　　　　　　　④ 다음 주 월요일

2. 〈정답〉④

〈해설〉

> 김 씨의 집은 동네 안에서 편리한 곳에 있습니다.
> 집 옆에 레스토랑이 있습니다. 집 앞에는 라면집과 커피숍이 있습니다. 근처에 슈퍼도 있습니다.
> 오늘 저녁에 김 씨의 친구가 놀러 옵니다. 김 씨가 요리를 합니다. 김 씨는 지금부터 슈퍼마켓에 쇼핑을 하러 나갑니다.

질문: 김 씨는 오늘 어디에 갑니까?
① 레스토랑 　　　　　　　② 라면집
③ 커피숍 　　　　　　　　④ 슈퍼

3. 〈정답〉 a かかります　b 入(はい)ったり　c きいたり　d 乗(の)ったりします

〈해설〉나의 하루

매일 아침 6시에 일어납니다.
아침은 간단하게 먹습니다.
가끔 먹지 않을 때도 있습니다.
7시에 집을 나옵니다.
회사까지 지하철로 40분(a 걸립니다.)
8시에 일이 끝납니다.
집에 9시쯤 도착합니다.
밤에는 목욕탕(OR 욕조)에 (b 들어가거나), 드라마를 보곤 합니다.
자기 전에 일본어 공부를 2시간 정도 합니다.
쉬는 날에는 수업을 (c 듣거나) 일본 드라마를 보곤 합니다.
날씨가 좋은 날은 산에 오르거나 자전거를 (d 타곤 합니다.)

a 걸립니다.　b 들어가거나　c 듣거나　d 타곤 합니다.

원서를 읽어 봅시다.

〈해설〉

　우리는 매일 생활 속에서 많은 쓰레기를 배출합니다.

　또, 쓰레기에도 태울 수 있는 쓰레기나 태울 수 없는 쓰레기, 캔이나 페트병 등과 같이 자원이 되는 쓰레기 등 여러 가지 종류가 있습니다.

　현재 우리 주위에서는 쓰레기를 조금이라도 줄이려고 여러 가지 노력을 하고 있습니다. 예를 들어 쇼핑을 할 때 봉지를 받지 않거나 사용할 수 있는 것은 버리지 않고 여러 번 사용하거나 쓰레기를 제대로 종류별로 나누는 것입니다.

　이것만으로도 쓰레기를 줄일 수 있습니다. 중요한 것은 우리 개개인이 쓰레기를 진지하게 생각하고 줄이기 위해 할 수 있는 것부터 시작하는 것입니다.

제9장 조사(助詞) 1

퀴즈

1. コーヒーが好きです。
2. コーヒーがきらいです。
3. ごきぶりが怖（こわ）いです。
4. 水が飲みたいです。
5. 日本語ができます。

핵심문법 1　문장연습 쓰기노트

① 彼（かれ）は私より日本語ができます。
② インターネットで検索（けんさく）します。
③ 船（ふね）で福岡へ行きます。
④ 空港からホテルまでバスで15分くらいかかります。
⑤ ホテルのロビーで会いましょう。

핵심문법 2　문장연습 쓰기노트

① 友達に会いに行きました。
② えりさんはお母さんに似ています。
③ 私も彼の意見（いけん）に賛成（さんせい）です。
④ 規定（きてい）に従（したが）います。
⑤ 私は、ソウルに住（す）んでいます。

핵심문법 3　문장연습 쓰기노트

① 大阪（おおさか）を一日でまわりました。
② グループで話し合いましょう。
③ 私は日本のドラマが好きです。
④ 日本でおすしが食べたいです。
⑤ 弟はドイツ語（ご）ができます。

제10장 조사(助詞) 2

퀴즈

1. 公園（こうえん）で田中さんに会いました。
2. 日本で新幹線（しんかんせん）に乗ったことがあります。

3. 最近、雨がよく降ります。　　4. 去年は東京に10回も行きました。

5. 昨晩、友達と映画を見ました。

핵심문법 1　문장연습 쓰기노트

① 朝は、パンを食べます。

② 福岡に夕方の4時に着きました。夜は露天風呂に入りました。

③ 今朝、メールを送りました。　　④ 去年、会話の授業を聞きました。

⑤ ロビーに11時までに来てください。

핵심문법 2　문장연습 쓰기노트

① コンビニを横切りました。　　② コンビニで缶コーヒーを買いました。

③ 休暇について社員と話し合いました。　　④ 午後3時に成田空港に到着しました。

⑤ 母に料理を教わりました。

핵심문법 3　문장연습 쓰기노트

① 田中さんとすずきさんは、明日も参加します。　　② 今朝、一人でりんごを3個も食べました。

③ 日本語は、ひらがなだけ読めます。　　④ 明日しか時間がありません。

⑤ 子供がゲームばかりしています。

第11章 て形，「なくて」/「ないで」

퀴즈

1. 駅前のラーメン屋は、安くておいしいです。　　2. 静かで、きれいなお店です。

3. 今日は仕事が休みで、家にいます。　　4. 今朝、6時に起きて勉強しました。

5. 雨が降らなくて、良かったです。

핵심문법 2　문장연습 쓰기노트

① 安くて、おいしいお店を案内します。　　② 空港バスが楽で、便利です。

③ 小学生で、日本語ができる子は、あまりいません。

④ 日本に行って、買い物がしたいです。　　⑤ 今日は早く家に帰って、休みます。

핵심문법 3　문장연습 쓰기노트

① 思ったより値段が高くなくて、安心した。　　② 駅が近くなくて不便だ。

③ 試験が難しくなくて、ほっとした。　　④ 学生のころ、暗記が得意でなくて、苦労した。

⑤ 担当が私でなくて、良かった。

핵심문법 4 문장연습 쓰기노트

① よく聞こえなくて、大変でした。

② お金が足りなくて、困りました。

③ 昨夜は寝ないで、勉強しました。

④ 答えを見ないで、解いてください。

⑤ 塾に行かないで、一人で勉強しました。

제12장 て형 응용

퀴즈

1. もう少し待ってくれませんか。

2. 名前と電話番号を書いてください。

3. 山田さんに電話してみます。

4. もう買ってしまいました。

5. ここで写真をとってはいけません。

핵심문법 1 문장연습 쓰기노트

① ここに名前を書いてください。

② 今日の2時までに書類を送ってくれませんか。

③ まだ作業を始めないでください。

④ レンジで温めてから食べてください。

⑤ もう少し調べてから決めます。

핵심문법 2 문장연습 쓰기노트

① 窓を閉めてもいいですか。

② この部屋を使ってもかまいません。

③ 冷たくてもいいです。

④ ここにごみを捨ててはいけません。

⑤ 子供ではいけません。

핵심문법 3 문장연습 쓰기노트

① もう少し待ってみます。

② 友達に聞いてみます。

③ 一度、食べてみてください。

④ ご飯を食べ過ぎてしまいました。

⑤ 昨日は早く寝てしまいました。

제13장 ている

퀴즈

1. 今ごはんを食べています。

2. 毎日NHKを見ています。

3. 山田さんは結婚していますか。

4. まだ結婚していません。

5. ネクタイをしている人が木村さんです。

핵심문법 1　문장연습 쓰기노트

① 今、テレビを見ています。

② 息子は家で友達と遊んでいます。

③ 毎日、日記を書いています。

④ 毎朝、庭のそうじをしています。

⑤ 事務の仕事をしています。

핵심문법 2　확인 문제

1. 정답 ①　모릅니다.
2. 정답 ②

① 降っています　지금 홋카이도에서는 눈이 오고 있습니다.

② 아이들은 마당에서 놀고 있습니다.

③ 読んでいます　아버지는 방에서 신문을 읽고 있습니다.

④ 泣いています。아기가 울고 있습니다.

3. ① 教えています
   ② 終わって
   ③ やっています
   ④ 勉強しています
   ⑤ 働いています

4. ① 務めている
   ② 作っています
   ③ 働いています
   ④ 売っています
   ⑤ 来てい
   ⑥ して

문장연습 쓰기노트

① 私は、ソウルに住んでいます。

② 映画がもう始まっています。

③ お店が閉まっています。

④ 今、友達が遊びに来ています。

⑤ 背が高くて、めがねをかけている人が鈴木さんです。

핵심문법 3　문장연습 쓰기노트

① 黒いコートを着ています。

② 母は今、出かけています。

③ 妹はまだ寝ています。

④ 兄は日本の大学を卒業しています。

⑤ みんなもう集まっています。

퀴즈

1. 日本語はできますが、英語はできません。　　2. 今日は田中さんに会えませんでした。
3. 休日はゆっくり休めましたか。　　　　　　　4. 夏休みの間に本は何冊読めましたか。
5. 明日10時までに来られますか。

핵심문법 1　문장연습 쓰기노트

① 館内は写真が撮れません。　　　　　　② 当日、チケットは買えません。
③ 小学生以下は入場できません。　　　　④ いつまで借りられますか。
⑤ 教えられることは、全部教えました。後は本人のやる気次第です。

핵심문법 2　문장연습 쓰기노트

① 英語はできますか。
② 公園内で自転車に乗ることはできますが、バイクは立ち入り禁止です。
③ 館内では写真を撮ったり、電話をしたりすることはできません。
④ 旅館は予約を取らないで泊まることはできません。
⑤ 小さなお子様は会場に入場することはできますが、乗り物に乗ることはできません。

핵심문법 3　문장연습 쓰기노트

① 新幹線から富士山がよく見えました。
② 今日は外から子供たちの声が聞こえませんでした。

おさらい問題

1. ① おはしは(使えますか。)　　　　　　② 辛いものも(食べられますか。)
　　③ 駅まで歩いて(行けますか。)　　　　④ ほしかったものを全部(買えました。)
　　⑤ 行きたかった旅館に(泊まれました。)　⑥ 頂上まで(登れました。)

2. 동사의 가능형이 틀린 것 : ①、④
　　①× 乗られます
　　　　○ 乗れます　　탈 수 있습니다.
　　④× 買(か)えられます。
　　　　○ 買えます。　　살 수 있습니다.
　　* 「乗る　타다」、「買う　사다」는 1그룹 활용을 한다.

おさらい問題 1

Ⅰ. JLPT N5 문장연습 쓰기노트

① 明日は朝9時までに来てください。

② 駅から学校までの行き方を教えてください。

③ 明日は遅れないでください。

④ ひっこしを手伝ってくれませんか。

⑤ 駅から近くて便利です。

Ⅱ. JLPT N4 문장연습 쓰기노트

① 田中さんを送ってからすぐ行きます。

② お店に予約しないで行ってしまいました。

③ 待たなくてもいいですよ。先に行ってください。

④ バスが遅れて、ちこくしてしまいました。

⑤ めがねをかけている人が田中さんです。

⑥ すずきさんに聞いてみます。

⑦ 雨が降っていますね。かさは持っていますか。

⑧ コンビニは夜中でも開いています。

⑨ 明日、田中さんに連絡してみます。

⑩ すずきさんはソウルに住んでいます。

Ⅲ. 조사 복습

1. ① 駅は、交差点　を　わたって右にあります。

   : 통과하는 장소를 나타내는 を.

   ② 船で離れ島　に　わたりました。

   :도착지점을 나타내는 に.

   ③ 彼　と　結婚する。

   : 동작을 공동으로 행하는 상대를 나타내는 と.

   ④ 彼女　に　電話番号を教えました。

   : 받는 사람을 나타내는 に.

2. ① 妹はパンしか食べません。

   ② 妹はパンだけ食べます。

3. ①明日　×　友達と会います。

   ②このごろ　×　仕事が忙しいです。

   ③夕食は6時　に　食べましょう。

おさらい問題 2

1. ①**大きくなくて小さいかばんです。**

   ① 크지 않고 작은 가방입니다.

   ② 휴일은 오늘이 아니라 내일입니다.

   ③ 스즈키 씨는 성실하고 친절한 사람입니다.

   ④ 밝고 재미있는 사람이 좋습니다.

2. ② 道が分からなくて遅くなりました。

① 바빠서 여행을 못 갔습니다.
② 길을 알지 못해서 늦었습니다.
③ 컨디션이 좋지 않아 참석하지 못했습니다.
④ 저렴하지 않아서 사지 못했습니다

3. ③ 漢字が読めなくて困りました。

① 전철이 없어서 걸어왔습니다.
② 열쇠를 잠그지 않고 집을 나와 버렸습니다.
③ 한자를 못 읽어서 곤란합니다.
④ 다나카 씨가 연락이 없어서 걱정입니다.

4. ① 値段が少し高くてもいいです。

① 가격이 조금 비싸도 괜찮습니다.
② 오늘은 목욕을 해도 상관없습니다.
③ 일본어가 서툴러도 괜찮습니다.
④ 점심은 빵이라도 상관없습니다.

5. ② ちょっと見せてくれませんか。

① 담배를 피우지 말아 주시겠습니까?
② 좀 보여 주시겠습니까?
③ 전기를(불을) 켜지 말아 주시겠습니까?
④ 여기서 전화를 하지 말아 주시겠습니까?

6. 笑って

笑ってみてください。 웃어 보세요.

7. 動か

動かないでください。 움직이지 말아 주세요.

8. ②

일본어 시험
1. 8시 30분까지 교실에 들어와 주십시오. 2. 책상의 번호를 보고, 당신의 번호인 곳에 앉아 주십시오. 3. 연필과 지우개만 책상 위에 놓아둬 주십시오. 4. "문제"는 모두 9장 있습니다. 맨 위에 있는 종이에 당신의 번호와 이름을 적어 주십시오. 5. 답은 연필로 써주십시오. 볼펜은 사용하지 말아주십시오.

① 8시 30분까지 교실에 와야 합니다.
② "문제" 종이에 당신의 번호는 쓰지 않아도 됩니다. (정답)
③ 책상 번호를 확인하고 앉습니다.
④ 정답은 연필로 써야 합니다.

9. ③

어린이 도서관

- 책은 2주 동안 빌릴 수 있습니다.
- 사전과 신문, 새 잡지는 빌릴 수 없습니다.
- 도서관의 책을 복사할 수 있습니다.

① 오래된 잡지를 빌릴 수 있습니다.
② 책은 2주간 빌릴 수 있습니다.
③ 도서관의 책을 복사해서는 안됩니다. (정답)
④ 사전과 신문은 빌릴 수 없습니다.

하치노 토모카 八野友香

현 사이버한국외국어대학교 일본어학부 교수
한국외국어대학교 대학원 일어일문학과 언어학 박사
2008 대한민국 정부초청 외국인 장학생 국무총리상 수상
2015 CUFS Best Teacher Award(우수강의상) 수상
2019 사이버한국외국어대학교 10년 근속상 수상

〈학술서〉
現代日本語のシテ形接続の研究(인문사)

〈토모카 교수의 일본어 학습 시리즈〉
핵심 문형으로 배우는 기초일본어 1 (제이앤씨)
핵심 문형으로 배우는 기초일본어 2 (제이앤씨)
일본어문법 초급 (제이앤씨)
일본어문법 중급 (제이앤씨)
시츄에이션 일본어회화 (제이앤씨)
고급일본어작문 (제이앤씨)

YouTube
'토모카 교수의 일본어 학습'에서 공개 강의 중

동영상 QR code

일본어문장 트레이닝 1

초판 1쇄 인쇄   2020년 03월 02일
초판 1쇄 발행   2020년 03월 10일

저   자 하치노 토모카
발 행 인 윤석현
발 행 처 제이앤씨
책임편집 최인노
등록번호 제7-220호

우편주소 서울시 도봉구 우이천로 353 성주빌딩 3층
대표전화 02) 992 / 3253
전   송 02) 991 / 1285
전자우편 jncbook@hanmail.net

ⓒ 하치노 토모카 2020 Printed in KOREA.

ISBN 979-11-5917-155-0   13730   정가 21,000원